革命类纪念馆宣教工作的实践与思考

GEMINGLEI JINIANGUAN XUANJIAO GONGZUO DE SHIJIAN YU SIKAO

王志贤◎著

中国民族文化出版社
北京

图书在版编目（CIP）数据

革命类纪念馆宣教工作的实践与思考 / 王志贤著
. — 北京：中国民族文化出版社有限公司, 2020.6
ISBN 978-7-5122-1377-7

Ⅰ. ①革… Ⅱ. ①王… Ⅲ. ①革命博物馆—宣传工作
—研究 Ⅳ. ①G266

中国版本图书馆CIP数据核字（2020）第166632号

革命类纪念馆宣教工作的实践与思考

作　　者　王志贤
责任编辑　李晨光
责任校对　张嘉林
出 版 者　中国民族文化出版社　地址：北京市东城区和平里北街14号
　　　　　邮编：100013　联系电话：010-84250639　64211754（传真）
印　　装　北京中献拓方科技发展有限公司
开　　本　787mm × 1092mm　16开
印　　张　12.5
字　　数　190千
版　　次　2020年6月第1版第1次印刷
标准书号　ISBN 978-7-5122-1377-7
定　　价　39.00 元

宣教人的使命与担当
（代序）

2019年9月，习近平总书记在河南考察时强调："革命博物馆、纪念馆、党史馆、烈士陵园等是党和国家红色基因库。要讲好党的故事、革命的故事、根据地的故事、英雄和烈士的故事，加强革命传统教育、爱国主义教育、青少年思想道德教育，把红色基因传承好，确保红色江山永不变色。"习近平总书记的重要讲话，强调了宣教事业的重要性，赋予宣教人新的使命和责任。

面对现代社会文化多元化的冲击，宣教工作者必须坚持以习近平新时代中国特色社会主义思想为指导，大力弘扬中华民族五千多年文明历史所孕育的中华优秀传统文化、革命文化、社会主义先进文化，重温习近平总书记谆谆教导和殷切期望。宣教工作者必须学会善于运用红色文化资源讲好红色故事，传承好红色基因，发扬好红色传统，牢记中华民族伟大复兴的中国梦。宣教工作者必须高举中国特色社会主义思想的理论旗帜，高歌长征路上的奋斗主旋律，汇聚万众一心奔小康，同心共筑中国梦的磅礴力量。

王志贤同志自1997年以来长期从事纪念馆宣教工作。多年来，她虚心学习、笔耕不辍、勤于思索，不断总结、取长补短，先后撰写关于纪念馆教育、宣教队伍建设、文旅融合发展、兵学理论探讨等多篇大视野、深层次学术文章。这本书是她创新精神、敬业精神的凝结，是她笃爱宣教事业，深耕宣教理论的力作。该书从不同的角度介绍了平津战役纪念馆发挥独具的、丰富的红色文化资源优势，进行爱国主义教育、革命传统教育、国防教育等取得良好社会效益，以及为党员党性教育、提高公民的道德素质，尤其是未成年人素质教育发挥的重要作用，对于广大宣教工作者做好本职工作具有借鉴意义。

我作为平津战役纪念馆党总支书记、馆长，中共天津市委党校特聘教授、研究员，很高兴为王志贤同志所著此书作序，愿她在党的宣教事业上取得更大成绩。

纪念馆的故事要由纪念馆人来书写，纪念馆的文化要由纪念馆人来宣讲。王志贤同志所著此书以自己长期以来从事宣教工作实践感悟，更为立体、生动地为读者呈现了积极向上、团结协作、勇于实践的纪念馆宣教工作氛围。让想了解纪念馆工作的朋友们能随着她的文字，一步步领会纪念馆宣教工作的要义；在接受爱国主义教育的过程中，走近纪念馆，走近红色文化事业，汲取红色营养。

宣教工作需要从业人员不断钻研业务，不断挑战自我，不断提炼升华。书中提到基本功的晨练、宣教人员职业素养等论述，以及如何从纪念馆长远发展视角做好接待服务、新媒体导览服务等问题的思考与总结。情真意切、智慧闪烁、回味无穷。

欲知大道，史可为鉴。宣教人员的天职就是将红色资源中所蕴含党的初心使命，与爱国主义教育、革命传统教育、党史、军史等教育相结合，寓教于学、寓教于乐、寓教于理，春风化雨、润物无声。

2020年5月

▪CONTENTS▪目　录

第一章　革命类纪念馆教育问题的实践与思考

第二章　革命类纪念馆宣教人员职业素养的实践与思考

第三章　革命类纪念馆宣教队伍建设的实践与思考

第四章　革命类纪念馆接待服务的实践与思考

第五章　革命类纪念馆运行发展的实践与思考

第六章　革命类纪念馆文化旅游的实践与思考

第七章　革命类纪念馆工作的思考与实践

第一章 革命类纪念馆教育问题的实践与思考

爱国主义教育——纪念馆永恒的主题

党的十八大以来，以习近平同志为核心的党中央高度重视爱国主义教育，新时代加强爱国主义教育是振奋民族精神、凝聚全民族力量，决胜全面建成小康社会，夺取新时代中国特色社会主义伟大胜利，实现中华民族伟大复兴的中国梦必具的内涵。国家兴亡，贵在人心。爱国主义是中华民族最重要的精神财富，是维护民族独立和民族尊严的强大精神动力，是一个民族精神状态的综合反映。公民与国家是一种天然的血缘关系，无法割舍。爱国是每一位公民的义务和使命，可以说爱国主义是比较稳定地反映在历史的漫长进程中，又必然地在历史的进程中有具体的、特殊的表现形式，坚持爱党、爱国、爱社会主义相统一。古人云："话以成俗，教移人心"。民族的复兴，重在教化。一个国家、一个民族、一个社会乃至一个人要强大起来，必须以坚定的信念为原动力，以崇高的理想为拓展力，以高尚的情操为凝聚力。

在弘扬中国精神、凝聚中国力量，为实现中华民族伟大复兴的中国梦提供强大精神动力的今天，需要把爱国主义情感凝聚成社会稳定、国家发展、民族振兴、国力雄厚的强大动力。革命类纪念馆是面向社会进行爱国主义教育和革命传统教育的重要载体，其展览的内容和珍藏的革命文物，在昭示革命历史、传承革命精神，颂扬英雄人物、教育警示后人等方面有着得天独厚的优势。认真贯彻执行《新时代爱国主义教育实施纲要》，加强公民的思想道德教育和党员的先进性教育，尤其是未成年人教育。做好新时期的政治思想工作，仍然是革命类纪念馆为社会主义政治、文化、经济等建设服务的宗旨，是为适应社会发展服务的首要功能。

爱国主义教育是纪念馆永恒的主题。革命类纪念馆作为保存和纪念在中国共产党革命斗争历史的发展进程中，以所涌现出来的爱国志士、英雄人物、历史事件、革命圣地、革命文物等为载体，作为爱国主义教育基地的场所，肩负着对整个社会进行爱国主义教育的使命，有为建设中国特色社会主义提供政治文明建设和精神文明建设的责任。因此，充分运用爱国主义教育基地进行直观形象的教育，真正实现历史性、思想性、教育性、传承性、观赏性的有机统一，是教育基地提升社会效益，实现可持续发展的必然选择。

继承不等于仿古，求新不等于求洋，现代化不等于西方化。改革开放了，外国的真善美、假恶丑，一股脑地涌了进来，我们不能全盘吸收，更不能熟视无睹。事实证明，在人民在物质生活不断提高的同时，对精神文化的需求必须以适应社会发展的需求为落脚点。因此，进行爱国主义教育，振奋民族精神是历史的必然，是社会发展的需要，是我们国家一项重要的、长期的任务。

党中央一贯高度重视爱国主义教育和教育基地的建设和发展。自20世纪90年代以来，先后命名了473家全国爱国主义教育示范基地，突出反映了新中国成立70多年来，党和国家各项事业发生的历史性变革、取得的历史性成就，纪念馆如雨后春笋般地蓬勃发展。建造革命类纪念馆的宗旨是，根据在对中国历史发展的过程中具有纪念意义的人物、事件、战役、遗址等建造的。它的选址、设计构思、整体布局、建筑风格、外观设计、内部陈列、展示手段等，都应与纪念馆所要纪念的主题相匹配、相协调，并采用现代多种多样的展示手段，来充分展示和烘托所纪念的主题思想内容。

革命类纪念馆拥有丰富翔实的文字和文物教育资源，又有多种多样的现代化宣传展示手段，它的直观性、立体性、参与性和历史性、思想性、教育性的有机统一，决定了革命类纪念馆是爱国主义教育和革命传统教育、道德素质教育的最佳场所。在这里，我们可以感知历史的车轮滚滚向前，聆听革命先驱和先进人物惊心动魄的革命斗争经验，曲折坎坷的人生经历，克己奉公、无私奉献的道德模范，爱国主义和集体主义的伟大精神，以此来激发爱国情感，培育民族精神，陶冶道德情操。

新时代爱国主义教育要面向全体人民、聚焦青少年，尤其必须从未成年人抓起。对于纪念馆本身，要充分发挥其教育功能，就要全力以赴占领教育阵地的制高点，这是革命类纪念馆持续发展的关键。未成年人的爱国主义教育和道德素质教育，关系到中华民族整体素质，关系到国家前途和命运，关系到建设中国特色社会主义事业后继有人的百年大计。要把青少年作为爱国主义教育的重中之重，推动爱国主义教育进课堂、进教材、进头脑，将爱国主义精神贯穿于学校教育全过程。创新教育形式，丰富和优化课程资源共享，开发线上微课、微视频等教育资源课程，来增强吸引力和感染力。

2004年，中央召开加强和改进未成年人思想道德建设工作会议，指出："要从增强爱国情感做起，从确立远大志向做起，从规范行为习惯做起，从提高基本素质做起，弘扬和培育以爱国主义为核心的团结统一、爱好和平、勤劳勇敢、自强不息的伟大民族精神，树立和培育正确的理想信念，着力培养良好的道德品质和文明行为，努力培育劳动意识、创造意识、效率意识、环境意识和进取精神、科学精神、团队精神以及民主法制观念、诚信观念，形成朝气蓬勃、昂扬向上的精神状态。"

未成年人由于处于知识的启蒙和成长阶段，对于一些抽象的、专业术语很强的内容，可能听不懂。针对不同年龄、不同成长阶段的孩子，结合青少年兴趣点和接受习惯，为他们量身定制推出集中反映爱国主义内容的高质量儿童读物、辅导教材，以网络文学、动漫、有声读物、网络游戏、手机游戏、短视频等形式，大力开展爱国主义教育读书日、征文等活动，让广大青少年自觉接受爱国主义熏陶。主动与学校联系接洽，配合学校专题活动的统筹安排，将参观活动的注意事项和准备工作，参观的组织协调等方面进行预案处理，为师生们讲解展览的概况。将重点的小故事或直观的文物带到学校课题，以看得见、摸得着为出发点，让他们先有一个感性认识，让他们带着问题去参观。以讲故事、启发提问等形式融入参观过程，利用借古喻今、今昔对比等方法，由浅入深、循循善诱，调动学生参与的积极性和主动性，帮助他们了解红色历史，铭史立志发奋读书，会收效更佳。所以革命类纪念馆要利用特有的红色资源优势，积极拓展思路，全心全意地将革命类纪念馆特殊的红色精神文化产品全面推向社会，推动爱国之情转化为实际行动，更好地弘扬爱国主义精神。

军事类纪念馆对未成年人的教育

军事类纪念馆是为党和国家发展提供精神动力和智力支持的社会教育机构之一，是集党史、军史、国防教育、爱国主义教育、勤俭节约教育等于一体的军事专题综合性教育载体，也肩负着祖国树人育人的神圣使命。

1.对未成年人的集体主义教育

当今的社会发展主流倡导集体的力量和团队协作的精神，需要我为人人、人人为我的良性互动的倡导。团队协作能力是当代社会一个人必备的基本素质，所以，对未成年人从小进行完整的人格培养，是学校、家庭、社会的重要责任。在未成年人中开展集体主义教育，应当从他们身边的爱父母、爱家庭、爱幼儿园、爱学校、爱同学、爱社会、爱自然等，他们身边看得见、摸得着的具体生动的情感和行为的亲身参与实践中来加强。让他们正确认识和处理小我与大我、小家与大家的关系，激发团结协作的集体荣誉感，循序渐进地培养他们为社会献爱心的自觉大爱意识。

首先，军事类纪念馆应贴近未成年人的思想道德实际，制作内容丰富、形式多样的精神产品，通过展览和触手可摸的文物让他们思考：中国的解放战争，如果没有党的英明决策，如果没有仁人志士和老百姓全力以赴的支援，如果没有人民军队的英勇作战，我们今天能过上幸福的生活，能取得今天的成果吗？真实鲜活的爱国主义教育和集体主义教育素材，使他们懂得集体的智慧和力量是战无不胜的。其次，通过讲解员由浅入深、通俗易懂的启发式、提问式的互动讲述，从强化思想教育、培养思维方式、引导行为方式习惯着手，围绕弘扬民族精神，继承革命传统，高举集体主义旗帜的主题。力戒空泛说教，引领未成年人投身道德实践，为其创造良好的社会环境和持之以恒的教育机制。最后，组织军事夏令营等活动，培养他们遵守纪律、服从大局的意识，设置团队合作完成的项目，从中启发和挖掘他们的聪明才智，培养和发挥团队协作精神，使他们学会化解矛盾、克服困难、完成任务，从而将道德意志转化为道德行为和道德实践。

2. 对未成年人的国防教育

国防是国家和民族生存发展的安全保证，军事类纪念馆要将国防教育内容纳入相关教学课程，针对未成年人的接受程度，融入他们生活、学习的方方面面。采取寓教于学、寓教于乐、直观形象、强化参与等方式，推动国防教育工作。教导他们正确认识权利与义务、荣誉与耻辱，以及自己的前途和命运都与国家无法割舍，要把爱国之情化为建设祖国、保卫祖国的实际行动。

作为军事类纪念馆，对未成年人的国防教育责无旁贷，应开辟多种途径创建浓厚的国防教育氛围，扩大国防教育宣传的辐射面，增强实施国防教育的工作力度，主动服务社会，协助学校开辟国防教育课程，利用流动展览、幻灯片、宣传材料、电子课件等走进校园，开展军训、组织国防教育演讲会，聘请老红军、老战士和同学们进行励志座谈，开展国防知识竞赛和征文活动等。联合新闻媒体进行广泛宣传，让未成年人在多姿多彩的活动形式中，掌握国防知识，理解国防的重要意义，了解中国人民解放军的成长历程和国防建设的伟大成果，了解世界军事战略格局的动态，激发他们为建设祖国而发奋学习，为保卫祖国而掌握本领的信心和决心。

3. 对未成年人的情商教育

未成年人尚处在发育成长阶段，对世间爱憎好恶有较大的盲目性。要告诉他们一个人的崇高人格，有时是靠具体的行为或是微不足道小事表现出来的，“勿以善小而不为，勿以恶小而为之”，要保持积极向上、博爱友善、感恩奉献的心态面对身边的事情，面对现实社会。

在应试教育、分数至上的社会氛围中，无论是家庭还是学校，往往偏重孩子智商的提高，而忽视情商教育；缺少可以反映一个人对父母的养育、对老师的教育和接受帮助等感恩教育；缺少可以反映一个人对别人的关注、对社会的奉献和尊老爱幼等博爱教育；缺少可以反映一个人控制情绪、把握心态、掌控行为等非智力因素提高的心理健康教育等。以分数的高低来衡量孩子的优劣，致使不少孩子对学习目的和做人准则感到迷茫，产生了抑郁心理，逐渐变得沉默寡言，甚至演变成叛逆，造成智商和情商的不平衡发展，影响孩子的身心健康。

作为军事类纪念馆，应该让学生们通过展览、演讲报告会等各种形式的宣教专题活动，了解革命先辈对祖国的赤胆忠心，对名利的宁静淡泊，对事业的鞠躬尽瘁，对同志的肝胆相照，对父母奋斗感恩孝敬等。

树人育人是博物馆的责任。要将军事类纪念馆独具的资源优势整合，从地域文化的凝重沉淀中寻找和挖掘历史的亮点，与聚集现代社会精神文化生活的焦点相融合，制作与青少年生活息息相关，并有益于他们身心健康的高品位精神产品，达到古为今用。

用革命纪念馆对未成年人进行素质教育

未成年人是祖国的未来，民族的希望，他们能否健康茁壮地成长，关系到中华民族的整体素质，关系到国家的前途和命运。随着我国改革开放的不断深入，西方各种文化思潮大量涌入转型时期的中国，网络信息的快速发展，又使得这些来不及梳理的文化及思潮直接冲击着未成年人心智尚未成熟的思想观念，影响着他们的人生观和价值观。而作为国家投资兴建的多座具有革命历史教育意义的革命类纪念馆，这些具有集党史、军史、爱国主义教育、国防教育等于一体的革命教育载体却被搁置，不能发挥其应有的功能和作用。新的时期，如何利用这些具有特定历史教育意义的社会教育机构，完成对未成年人人生观、价值观和世界观的教育引导，使他们在学习历史的基础上，继承发扬革命志士为国家振兴发展不畏艰难、艰苦奋斗、前仆后继的宝贵精神，进而提高他们全方位的素质教育效果，对新形势下的革命纪念馆发展带来了新的机遇和挑战。

一、当代未成年人素质教育中存在的问题

随着信息化社会的快速发展和文化多元化的渗透，一方面，为未成年人了解世界、增长知识铺设了简便快捷的直通车，使他们成为学习掌握现代化知识和应用手段的直接受益者。但同时，良莠不齐的思想文化也冲击着未成年人的“三观”，严重影响着他们的健康成长。近些年来，党和国家高度重视公民道德思想道德建设，尤其重视在基础教育过程中，对未成年人的德育教育的进程和力度。但尽管如此，学校、家庭对未成年人的思想道德教育，仍然面临着一些不断修正却仍不断出现的问题。

首先，表现在学校的应试教育方式上。在高考指挥棒下，无论是学校还是家长，对学生都一味强调升学率，重视智育教育，忽视德育教育。对学生

从行为规范到理想信念的教育都比较薄弱。在这种教育模式下，学生们也渐渐成为分数的“奴隶”，学习的目的只是为了考上一所重点学校。其他的，诸如培养正确的人生观、道德观、价值观、优良传统都被搁置到了分数后面。部分学校甚至出现了德育课上，教师在讲台上讲，学生在下面可以做其他的作业，有的德育课还被其他主课任课教师，为赶教学进度而强行霸占的现象。

其次，表现在家长“望子成龙”“望女成凤”的溺爱教育方式上。作为独生子女一代，每个孩子都是家长的掌上明珠，为此，家长常常是无条件地满足孩子合理与不合理的要求。家庭教育的不恰当方式，造成他们自私、任性、以自我为中心的心理意识。在父母面前饭来张口、衣来伸手的包办教育下，这些孩子极易忽视别人的劳动，以我为中心、自私自利，不关心他人疾苦，攀比吃穿、乱花钱等不良现象，成了他们理所当然的价值观。与此同时，这些孩子缺乏关爱、缺乏团结互助精神。

最后，表现在市场经济的一些社会不良现象下消极因素的熏染和诱惑上。由于未成年人心智不成熟的自身条件制约，他们对外来物质诱惑和思想侵蚀的抵抗力不强。随着改革开放的深入，良莠不齐的文化观念和现象严重侵蚀着这些孩子的思想观念，左右着他们做人的底线和行为准则，从而潜移默化地影响了他们正确“三观”的形成。因此，厌学、追星、网恋、高消费等不健康的价值观念，严重影响了他们在困难面前的创造思维能力、动手能力、应变能力、心理承受能力及身体素质的培养和提高。

二、革命类纪念馆对未成年人素质教育的独特功能

对未成年人从小进行完整的人格、人性、人才的培养，对他们的言行加以正面的引导和限制，是学校、家庭、社会的重要责任。而围绕弘扬民族精神、继承革命传统、高举爱国旗帜的主题思想教育，革命类纪念馆运用自身独特文化资源，开展爱国主义教育、民族精神教育、国防教育、集体主义教育、国情教育、勤俭节约教育、忆苦思甜教育等主题活动，也是革命类纪念馆建设伊始主题教育中应有之义。

未成年人天性活泼好动，对事物的好奇心和求知欲非常强烈，作为有

着丰富内涵的革命类纪念馆，由于其特殊的历史意义，加上陈列展览的直观形式，其具有独特的、丰富的文化资源优势。革命类纪念馆厚重的革命传统文化资源，可以为未成年人提供树立人生观、价值观、世界观的丰富精神食粮，再通过形式多样的教育引导，如互动参与、趣味观赏、娱乐教育、主题宣传活动等，将对未成年人开阔视野、增长知识、培养高尚的道德情操、完善的人格，提高个人修养、培养爱国情操等起到事半功倍的作用。

在烈士等人物类革命类纪念馆中，可以通过活生生的爱国主义教育和集体主义教育的鲜活素材，让每天生活在和平环境下、温馨校园中的孩子，真正理解集体的智慧和团结的力量是战无不胜的。通过设置团队合作完成的课题，培养他们团队协作精神，达到培养道德意志转化为道德行为和道德实践的目的。

在军事类纪念馆中，可以充分发挥国防教育的优势，使未成年人了解我党、我军的成长历史和光荣传统，了解我国军事国防建设的现状和未来，了解世界军事格局的发展动态。在军事国防园中，设置军训课程，让他们亲身体验军营生活，登上飞机、军舰，模拟操纵仪器，感受现代化军事武器的威力震撼。在幼小的心灵里，培养参军光荣，献身国防的志向，并以此来激发未成年人，为了建设强大的祖国而发奋学习，为了保卫祖国领土的完整而掌握真本领，成为保卫国家、建设祖国的栋梁之材。

面对当今社会拜金主义的影响而导致未成年人铺张浪费的现象，通过革命前辈艰苦朴素的典范，老百姓无私支援前线的真实故事，教育培养未成年人，从生活细节的点滴着眼，使他们养成节约一滴水、一度电、一粒米、一张纸、一支笔等勤俭节约的好习惯，从而树立孩子节约光荣、浪费可耻的正确生活观和消费观。

哲学家维斯贝尔说过：“教育的过程首先是精神成长的过程，其次才是科学获知。”针对未成年人素质教育存在的问题，针对学校、家庭对未成年人德育教育存在的误区，革命类纪念馆作为集党史、军史、爱国主义教育、国防教育等于一体的社会教育机构，学校教育的第二课堂，有着其不可替代的社会教育功能。

三、如何发挥革命类纪念馆对未成年人素质教育的作用

毋庸置疑，革命类纪念馆对未成年人的教育功能是具体的、全面的。新时期发展形势下要想进一步发挥其教育功能，就要求革命类纪念馆的从业人员必须转变思路，勇于创新。要把革命类纪念馆独具的教育资源优势，整合转化为社会发展需求服务，要在厚重丰富的革命历史事迹中，寻找与现代社会精神文化生活息息相关的革命志士仁人、鲜活生动的事例，挖掘其历史亮点，并形成与青少年生活相关、有益于他们身心健康，且易于接受的高品位精神产品，从而达到革命类纪念馆对未成年人的教育功能。

利用独有的文化资源和教育方式，寻求与学校教育的契合点。一座形象逼真、生动感人的纪念馆陈列，一套通俗易懂、声情并茂的讲解词，带给未成年人的影响是终生难忘的。首先，根据未成年人的年龄特点，审美情趣制作出通俗易懂的展览内容，采用寓教于学，寓教于乐的现代化宣传展示方式。如：将革命类纪念馆的战争场面、战斗英雄等内容，用故事片、纪录片、动画片、幻灯片、木偶剧、连环画等喜闻乐见的教育形式加以表现，甚至可以采用他们喜欢的漫画、卡通画、动漫人物等乐于接受的现代时尚文娱形式，来增加未成年人的视觉吸引，使他们自觉主动走进纪念馆。其次，革命类纪念馆要投入精力，做好未成年人心理学研究，了解他们的心理活动和生长发育规律。力求营造宽松、自主、寓教于乐的学习环境，把教育内容与生动活泼的形式有机结合。采用开放式、启发式、诱导式、互动式、自主式的教育和学习方法，将抽象的概念具体化，将知识性、科学性、趣味性、娱乐性融为一体，使未成年观众从被动参与到主动参与。

积极策划组织未成年人教育专题活动。革命类纪念馆作为社会教育的重要场所，要吸引未成年人主动地走进纪念馆，除了上述适应当代未成年人自主创新的多元化发展要求，还应积极开展内容丰富、形式多样的专题教育服务活动。如：教育教学走进纪念馆，为佩戴红领巾入队等活动提供场地、音响、组织参观等，培训小小义务讲解员；深入学校了解掌握学校的教学计划，把纪念馆的展览送进校园，参与校园文化活动；与学校一起，组织开展知识竞赛、专题征文、编写通俗读物、展览进校园、军事夏令营等活动；聘

请老战士与同学们开展缅怀先烈、勤俭节约的座谈会；利用班会或德育课时间，宣传国防知识、兵役法，举办革命伟人、革命先烈、战斗英雄等故事会和演讲等活动。通过大量的主题教育活动，未成年人在互动参与中了解并潜移默化地接受革命先辈们的人生观和价值观。

顺应发展形势，提高从业人员自身素质。2008年初，国家文物局做出了将全国博物馆、纪念馆向社会免费开放的决定。免费开放惠民举措的出台，使得博物馆纪、念馆面临着史无前例的机遇和挑战。革命类纪念馆作为其中的重要场馆，肩负着继承革命传统、弘扬爱国精神的重要使命。而高素质、专业化的宣教队伍是革命类纪念馆发挥其教育功能和作用的前提条件。因此，革命类纪念馆的从业人员要不断钻研专业知识，对革命历史、对老一辈革命家的事迹、宝贵精神要有深刻地理解，只有深刻理解了，才能准确把握其对当下时代孩子的教育意义；要研究未成年人的心理，掌握他们的心理需求和喜好；与此同时，提高自己运用现代技术手段开展宣教活动的能力，如幻灯片、动漫制作等孩子喜欢的事物表现方式；要不断提高服务创新的能力，在环境营造、人力资源配置、讲解服务方式等方面，要进一步加强培训，不断为未成年人观众提供有新意的人性化服务。努力成为责任心强、业务合格的高素质宣教人员，为发挥革命类纪念馆树人、育人做用做出自己应有的贡献。

新时代赋予革命类纪念馆的使命担当

——党性教育社会实践基地的功能

党的十九大胜利召开，确立了习近平新时代中国特色社会主义思想为党必须长期坚持的指导思想。新时代赋予革命类纪念馆党性教育社会实践基地的功能，肩负讲好红色故事传承红色基因的使命担当。围绕新时代革命类纪念馆为加强党性教育社会实践基地的发展需求和服务理念发力，以新时代革命类纪念馆独具的、丰富的红色资源为载体，创建党性教育社会实践基地的良好生态，厚培人文精神土壤，使之成为党员、干部和广大民众，特别是未成年人进行爱爱国主义教育、培育和践行社会主义核心价值观教育的核心内容，实现红色革命精神教育、爱国主义教育和政治思想教育全覆盖。

随着改革开放的不断深入，各类博物馆纪念馆得以蓬勃发展壮大，尤其是革命类纪念馆的发展，更为加强爱国主义教育，提高公民道德素质担负着义不容辞的责任和使命。革命类纪念馆教育是以中国共产党领导人民，在革命战争时期、社会主义建设时期和改革开放进程中形成的，与重大历史事件、革命运动或重要人物相关的，具有纪念意义和历史价值的实物、文献资料等为载体，传承中国近现代历史和中华民族涌现的仁人志士的高尚品质和爱国主义精神，并把他们的思想意识作为参观者个人世界观、人生观和价值观的榜样。可以说革命类纪念馆、纪念地、遗址，就是散落在中国大地上，记载中国共产党党史的繁星坐标。

一、新时代督导革命类纪念馆以红色文化为载体，为党性教育社会实践基地服务的使命担当

习近平同志在党的十九大报告中指出：“加强爱国主义、集体主义、社

会主义教育，引导人们树立正确的历史观、民族观、国家观、文化观。”新时代赋予革命类纪念馆的使命担当，承担着为党、为国家、为社会发展进步服务不可推卸的责任。它的办馆宗旨、服务理念、创新发展无不围绕着中国共产党执政之基的坚固和祖国的繁荣强大的主旨。所以，在新时代中国特色社会主义思想指引下，革命类纪念馆被赋予更多“当下”的新时代内容，责任重大、使命担当。

（一）以革命类纪念馆展览为主线，讲好历史意义

革命类纪念馆是我国公共文化事业的重要组成部分，也是爱国主义教育和革命传统教育的重要阵地，它主要是通过基本陈列和临时展览独具特色的红色文化资源载体来表现。它不仅是我们党执政的精神动力之源、智力支撑，还是党密切联系群众的桥梁纽带，而且定位和管理则决定了跨入新时代革命类纪念馆的责任和使命。

第一要加强中国共产党近现代史展览内容的客观翔实的陈述。革命类纪念馆是中国共产党党史的精神家园，依托所展示的人物、事件、文物等思维和情感表达的载体，讲述人物生平、文物背景，陈述事件、战役的经过等，阐述他们在当时的历史情境中，对社会的进步与发展、对民众的唤醒与团结，所产生的社会推动力、影响力和感召力，体现其客观性、真实性的历史意义。

第二要将展陈所蕴含的历史意义诠释充分。革命类纪念馆作为红色历史文化资源的重要教育载体，让展览主旨能够被民众、特别是青少年在当下的时代语境里，认知、铭记和传承老一辈无产阶级革命家、革命先烈为解放全中国、建立新中国的伟大事业，做出的丰功伟绩；让纪念馆还原革命历史的真相，成为当代红色历史文化教育的“活教材”，是我们文博人锲而不舍研析的主题，是对我们创新与发展的考验与挑战。

第三更重要的是用“情感”的内容和方式来打动观众。革命类纪念馆所收藏和展出的红色历史文化资源，总能唤起人们对历史的追忆和文化共鸣。无论是对党史的延续与继承，还是对党史的发展变化的推陈出新，我们都要在党的革命历史文化中汲取丰厚的滋养。所以，革命类纪念馆丰富的展陈内容，与高科技多元化的展示形式和手段必须契合，与营造庄严雄伟的环境氛围必须契合，与以人为本的优质服务必须契合，达到动情感己、激情感人、声情并茂，让观众在特定语境的追思往昔中，得到触景生情、睹物思人、追昔抚今、铭史励志的情感释怀。

（二）将革命类纪念馆展览精神升华与现实社会发展相结合，讲好现实意义

新时代赋予革命类纪念馆的社会教育责任，作为现代教育体制的重要补充，必须有更多符合新时代需求的内容。我们必须把满足人民日益增长的美好生活需求，同人民的精神境界和道德素养的提高结合起来，必须把以人为本的优质服务同人文教育正能量的引领结合起来。在讲好革命类纪念馆展览历史意义的同时，我们必须要结合当下讲好社会的现实意义。

1.革命类纪念馆作为党性教育社会实践基地的载体，要在培养党员树立对党矢志不渝的坚定理想和信念上下功夫。

在弘扬红色革命精神中，我们要客观真实的讲述：在枪林弹雨的战场上，在中国共产党的领导下，解放军指战员怀揣着解放全中国的信念，不怕牺牲浴血奋战。每一位牺牲的烈士，他们都曾是一个个鲜活的生命，他们有父母、妻子、儿女，还有未成家的少年，小小年纪如今应该是一名坐在教室学习的学生。然而，在那个特殊的年代，他们就是一名解放军战士。

在弘扬红色革命精神中，我们要客观真实地讲述：中国共产党在探索革命道路的实践中，老一辈无产阶级革命家怀揣着修身齐家平天下的理想，两袖清风、不为一己之私的奉献奋斗。无数革命志士仁人怀揣着用鲜血和生命抱定为革命流血牺牲的坚定信念，插入敌人心脏命悬一线地开展革命工作。即使被捕狱中，毅然决然地面对敌人的高官厚禄的利诱、严刑威逼拷问，表达了为追寻崇高理想的赤胆忠心，铸就了为革命视死如归的大无畏精神。

在弘扬红色革命精神中，我们要客观真实地讲述：解放战争的胜利是对“一切为了人民，一切依靠人民”的真实写照。老百姓怀揣深明大义的信念，送夫、送子、送孙上前线，毫无保留地将最后的一碗米、一尺布，甚至门板、床板、养老送终的棺材板都拿出来，难道他们不知道战争的残酷会死人吗？倾其所有就得节衣缩食。事实胜于雄辩，中国共产党领导的是爱国正义的革命战争，代表着广大人民的根本利益，从而获得全国各族人民的拥护和爱戴。这为我们当下的党员教育实践活动，提供了诠释“铁一般的信仰、铁一般的信念、铁一般的担当、铁一般的纪律”鲜活的教科书。远大的理想和坚定的信念是一个人产生巨大精神力量的根本源泉，也是经受任何考验的精神支柱，更是一名共产党人的政治灵魂。

2.革命类纪念馆作为党性教育社会实践基地的载体，要在新时代中国特色社会主义思想的指引下，坚定文化自信实现中华民族伟大复兴的中国梦的宣传教育上下功夫。

革命类纪念馆要紧跟当下形势、抢抓机遇，形成新型的党性教育社会实践教育基地的新模式。必须牢牢把握中国特色社会主义思想和实现中华民族伟大复兴中国梦的主旨，为讲好中国故事、讲好红色故事提供丰富的素材。以弘扬主旋律传递正能量为根本，及时发现、发掘、推陈出新更多、更好的宣传教育内容和形式，进行当代表达，使展览教育活动更具有强烈时代感，凸显当代社会教育意义和视觉审美价值观念。

革命类纪念馆在充分发挥社会教育主阵地功能的同时，组织专业人员加强调查研究，围绕社会共同关注的热点、焦点问题，重点做好基础性、前瞻性和应用性的动静态结合的社会教育探究跟踪。总结归纳，了解和引导党员、特别是普通观众走进纪念馆想学什么、看什么，让他们掌握什么。利用新媒介的现代化传播手段，结合新时代中国特色社会主义思想的历史发展时期的政治要求，结合实现中华民族伟大复兴的中国梦，提炼升华展览的现实意义，做好讲好红色故事的充分准备，提高精准有效服务的能力。

针对党员，在讲好现实意义的内容中，用党的光荣传统、优良作风和革命精神，来教育党员履行党章赋予的权利与义务。用党规党纪，来匡正提高党员和党员领导干部的法制观念和法治思维方式；用带头恪守全心全意为人民服务的宗旨，来强化党员干部心中有民、执政为民的担当意识。党员就是一面旗帜，只有每一位党员发挥旗帜作用，才能让我们的党更纯洁、更先进。

针对普通观众，在讲好现实意义的内容中，只有党风正，才能民风清。要着重个人前途与国家命运的紧密结合，要着重历史与现实的紧密结合。寻找历史与现实发展的契合点，寻找与观众情感交流的共鸣点。加强对中华民族独特的历史命运、独特的文化传统、独特的基本国情教育；加强对中国共产党领导全国各族人民前赴后继所追寻的推翻三座大山、建立新中国，所进行的社会主义建设、改革开放、实现中华民族伟大复兴中国梦的教育引领；加强维护和捍卫以习近平同志为核心的中国共产党领导中华民族可以走适合自己国情特点的发展之路的教育引领。在新时代中国特色社会主义思想指引下，讲好中国共产党的红色故事，引领社会新风尚，汇聚中国力量，让我们的国家更加繁荣昌盛。

二、新时代催生革命类纪念馆创新服务理念，以新应新为党性教育社会实践服务

以新应新，就要思想为先。如果说对于传统的继承发展是做加法，那么创新发展就是做乘法。创新是革命类纪念馆发展的动力，我们必须在“新”上下功夫。创新思想意味着必须敢想，必须摈弃因循守旧的理念。以新应新，就要行动为先。创新不是说出来的，而是敢想敢干出来的。理念要新，行动要实。围绕革命类纪念馆与党性教育社会实践的发展需求和服务理念发力，把创新融入魂魄，把创新付诸行动，才能脚踏实地为革命类纪念馆的创新服务发展提质增誉。

（一）创新丰富教育形式，让红色教育资源“活起来”

革命类纪念馆的教育功能依托我们党的红色文化资源，以大力弘扬红色文化精神为落脚点，让红色资源“活起来”。必须创建党性教育社会实践基地的良好生态，厚培人文精神土壤，“激活”被搁置的红色教育资源，让他们成为党员、干部和广大民众培育和践行社会主义核心价值观教育的核心内容。诚邀老革命、老战士、将帅子女、烈士亲属、亲历者、专家学者等，“请进来”面对面开展“红色历史教育大讲堂”。“走出去”零距离广泛面向社会，在社区、机关、企事业单位、学校、军营、建筑工地、农村等各行各业，惠及更多的普通党员、普通群众、外来务工人员、弱势群体等，开展专题巡展、讲座和义务宣讲展演活动等，让他们尽享公共文化服务的权益，让他们了解历史、受到教育、付诸行动，让红色文化历史薪火相传，让红色基因血脉相承，永远是我们不忘初心砥砺前行的驱动力。

（二）发挥馆际资源优势共享，让红色教育资源“走起来”

为充分践行革命类纪念馆党性教育社会实践基地的教育功能，进一步深化实现从“静态”教育到“动态”教育的蜕变，实现观众从“被动”接受到“主动”参与的转变。打破馆际、城际的界限，让红色文物资源“走起来”。抢抓机遇契合形势，以丰富展陈形式的硬件和提高接待服务质量的软件为抓手，加强馆际之间的合作联动发展，充分发挥红色教育资源的功能和作用。运用丰富多彩的现代化高科技展陈手段，以自办、合办、引进等多种形式的办展方式，推出具有符合社会历史意义、现实意义的精品展览，实现馆际之间的红色文物资源优势互补、互通有无。

三、深化馆校合作，促进全社会党性教育社会实践常态化制度化

（一）红色基因教育为青年强身健体“补钙”

习近平同志在党的十九大报告中指出：“青年一代有理想、有本领、有担当，国家就有前途，民族就有希望。……中华民族伟大复兴的中国梦终将在代代青年的接力奋斗中变为现实。”当代青年、特别是时代骄子的大学生，他们是接续不断的时代潮流群体，他们肩负着承前启后、继往开来的接续作用。他们的健康发展是中国力量的重要组成部分，他们的思想品德、理想信念和创新实践能力等方面，都需要国家和社会高屋建瓴地、科学地、系统地、规范地正面教育和引导。

为当代青年营造良好的教育氛围和社会主旋律的引领，一是铭史立志、薪火相传。对他们加强党史、国史教育，通过爱国主义、民族精神、历史使命、革命精神、光荣传统等教育，加强对党的路线方针政策的学习理解，加强爱党爱国爱社会主义的情感培植，是我们党培养生力军后继有人和发挥先锋模范作用的有效途径。二是见贤思齐、感恩思进。强化对他们加强思想道德建设，追求奋发向上崇德向善的思想境界，形成见贤思齐学习先进模范的社会氛围和文明风尚，弘扬社会主义先进文化正能量的引导潮流，为他们不断进步成长，从社会发展的后备力量到中坚力量，补足精神之钙、铺平夯实道路。三是躬行实践，实践出真知。我们要相信年轻人蓄积的磅礴力量，支持他们投身社会实践，发挥聪明才智。发挥他们不拘一格、德才并进的能

力，引导他们遵守诚信、坚守公德、甘于奉献、勇担责任，促进他们身心健康素质、思想道德素质、科学文化素质和创新素质的协调发展，把他们锻炼成为中国特色社会主义事业合格的建设者和可靠接班人。

（二）红色基因教育是党校“姓党”的重要教育内容

党校肩负着对入党积极分子，学习了解中国共产党的革命史、建设史、改革史、复兴史，学习党的基本路线、方针、政策的重要责任；肩负着对党员强化履行党员权利与义务，发挥党员先锋模范作用的重要责任；肩负着对党员领导干部强化党规党纪教育，加强党性修养和提高政治素质的重要职责。党校是每一位党员必须进行学习教育实践的场所，是我们党培养新鲜血液造就接班人的摇篮。

党性教育社会实践基地是新时代赋予革命类纪念馆使命担当最具特色所在，为了加强与党校工作对接服务，依托革命类纪念馆的红文化教育资源优势与党校教育课程相结合，凭借其客观生动、直观形象等特点，依托其所特有的历史意义和现实意义，协助党校加强对群众、入党积极分子、党员正确树立世界观、人生观、价值观，配合党校加强对党员领导干部正确树立政治观、权力观、法治观、廉洁观，达到加强和巩固中国共产党先进性的目的。

爱国主义教育薪火相传

——平津战役纪念馆开展未成年人思想道德建设工作掠影

纪念馆教育是为适应社会发展需求而应运产生的，是区别于学校和家庭教育，辅助学校和家庭教育的重要社会教育机构。如何充分利用好纪念馆的资源优势为学校教育服务，将其纳入国民教育体系是建立馆校合作长效机制的重要途径，为培育未成年人积极向上、健康的思想道德品格服务，培养我们祖国接续未来的接班人，是我们工作的重心。

青少年是祖国的未来，民族的希望。他们的思想道德素质如何关系到国家的前途和民族的命运。纪念馆作为社会教育的主要机构，是开展爱国主义教育的重要载体，在未成年人德育教育方面具有独特的优势。多年来，平津战役纪念馆充分发挥全国爱国主义教育示范基地、全国青少年教育基地的作用，多形式、多渠道开展未成年人思想道德教育活动，努力营造有利于未成年人健康成长发展的社会教育人文环境，促进未成年人健康成长。

一、加强自身队伍建设，不断提高对未成年人教育服务水平

（一）领导重视，成立专门接待机构

深入贯彻落实中共中央、国务院《关于进一步加强和改进未成年人思想道德建设的若干意见》的有关规定要求，以主管业务馆长挂帅，在宣教部专门成立“未成年人免费接待服务工作小组”，制定详尽的《未成年人接待细则》和《未成年人大宗团队接待预案》。在参观须知、参观时间、接待服务、安全措施等方面，提前与校方联系沟通，并与相关部门通力合作加大了保障力度，确保工作安全有序地进行。

（二）重新修订讲解词

为了做好未成年人的接待服务工作，对原有的两套中、小学生讲解词进行了重新修订，进一步细化了未成年人的年龄分段和认知能力分段，努力使讲解服务更加贴近未成年人的年龄、心理和兴趣，增强了教育的针对性和适应性，增加了未成年人寓教于学、寓教于乐的互动内容。

（三）加强对讲解员的业务培训

1. 加强相关理论知识的学习

理论知识包括儿童心理学、教育心理学等基本知识的培训掌握。对不同年龄、年级的儿童和学生，在讲解内容、语言声调、提问互动等方面，运用所掌握的基本知识，了解他们的兴趣需求，激发他们的想象力，鼓励他们敢于举手回答问题，并能根据自己的思考提出和回答问题。

2. 讲解创新形式的融入

为了拉近与他们年龄的距离感，我们针对性地观摩接待不同年龄学生的讲解范例，观察他们在参观、听讲解过程中所做出的反应，比如面部表情和眼神、回答问题的主动性、跟上队伍的节奏等，由此得出，若是认真听讲解，他们会用一种渴望的眼神看着讲解员，否则他们的眼神是游离的，他们也会互相说话、嬉戏等，似听非听地跟着，听到提问没有反应，也不会积极举手回答问题。但是，如果突然间响起歌声、听到清脆的竹板声或者变换语气地评说，他们的注意力顿时得到激活。为此，我们借鉴很多兄弟馆的成功经验，将歌曲、曲艺、演讲情景剧等形式融入讲解内容中，让他们在寓教于学、寓教于乐的纪念馆课堂中，汲取知识、陶冶情操、提高素质，是我们纪念馆宣教工作的要务。

二、丰富完善纪念馆陈列，贴近未成年人教育

当青少年走进纪念馆时，可以通过“看”文物、图片、雕塑、沙盘景观、影像资料等，将“看得见”的历史和“摸得着”的文物相结合；“听”讲解、音像资料等，真切地了解和感受历史。每一件文物、每一幅照片的瞬间，记录的一幕幕革命先烈抛头颅、洒热血的鲜活的影像，一段段革命先驱永不磨灭的辉煌历史，促使他们踏寻历史的足迹、感受历史的辉煌，不忘记

历史，继承先烈遗志，成为国家有用之人。纪念馆的陈列内容是对历史的浓缩和客观的再现，它具有生动形象、客观真实易于接受的特点，能够有效地弥补素质教育说教模式而导致教育效果不佳的缺陷。只有积极探索纪念馆更适合青少年特点的教育形式和内容，才能有助于他们在具体实物和抽象概念之间建立联系，对他们接受新知识和健康成长都具有极大的益处。

（一）“请进来”发挥阵地优势

1. 临展搭台唱主角

近年来，在不断挖掘基本陈列教育功能的同时，我们抢抓机遇，针对社会关注的热点、焦点问题，以每年自办和引进6～12个临时展览的速度，不断地整合文物资源，结合社会时事热点向未成年人提供文化精品。以寓教于学、寓教于乐的方式丰富未成年人的精神文化生活，尤其在重大的纪念节点，推出相关内容的展览，受到社会各界的关注和好评。

2. 课堂走进纪念馆

积极配合学校教育，将德育课、历史课、数学课、语文课、美术课、手工制作课等课程，搬到纪念馆的展厅来上，使课本上抽象的文字和静态的照片，在纪念馆大量的实物、景观、雕塑以及声、光、电现代化展示手段面前得以还原，拉近了学生与历史的距离，提高了未成年人的观察力、理解力，激发了他们的想象力、创造力，这也正是纪念馆吸引未成年观众的优势所在。

（二）第二课堂“走出去”

1. 临展进校园

加强未成年人立德树人的爱国主义教育，必须从娃娃抓起，这是全社会的责任。纪念馆在做好主阵地教育工作的同时，深化贯彻落实“三贴近”的精神，我们打破纪念馆的围墙界限，遴选更贴近未成年人教育的展览，精心制作展牌；有计划地组织“六进”服务进学校、进社区、进军营、进医院、进航母、送监狱，足迹遍布20多个省市，最远将展览送到新疆和田地区。

2. 义务宣讲团

在庆祝建国50周年之际，我馆组建了一支以讲解员为主要力量，以平津战役历史为主题，以弘扬爱国主义、革命英雄主义、国防教育为宗旨的“平津战役义务宣讲团”。策划内容丰富、形式多样的宣教活动，依托平津战役史实，撰写伟人专题、平津专题、抗日主题、长征主题等宣讲稿件，用曲艺的形式创作快板、相声，创作情景剧、唱红歌、邀请老战士讲座等形式，为未成年人讲述革命历史故事，为学校的德育工作注入了新的内容与活力，被誉为“红色精神的传播者”。实践证明，纪念馆在融入社会、融入学校的过程中，获得了更广阔的发展空间。

三、以纪念馆的军事题材为依托，开展纪念专题活动

（一）开展专题纪念活动

我们坚持以阵地为依托，以活动为载体，视社会需求为纪念馆宣教工作的出发点和落脚点，努力延伸纪念馆的教育辐射面，拓展教育空间，积极组织开展内容丰富、形式多样的节庆纪念活动。如升国旗、入队、十八岁成人、入团、入党、向宪法宣誓等仪式，还有清明祭扫英烈、为英烈植树等主题实践活动，这些已成为纪念馆的品牌服务项目。

我们充分发挥纪念馆的特色和优势，广泛开展馆校共建活动，利用自身爱国主义教育和国防教育资源，不断促进未成年人素质教育的发展，迄今为止，我馆先后与近百所学校结为共建单位，进一步加强了纪念馆与学校的合作力度，而且还与其他的共建单位合作，共同为学校的素质教育贡献力量，这些学校都成为纪念馆宝贵的人文资源。

为了深化纪念馆未成年人素质教育效果，我们组织开展了征文、演讲比赛、有奖竞赛、培训志愿讲解员、军事夏令营、诵读红色故事、红色寻宝等活动，使革命传统教育生动鲜活、寓教于乐，使纪念馆成为丰富未成年人精神文化生活不可或缺的重要场所，既有助于学校素质教育工作的深入，又有助于激励青少年积极动脑思考、动手实践的主动性，更有助于纪念馆各种功能的发挥。

（二）开辟军事体验互动项目

1. 2015年开展少年军事体验营活动

我们为落实博物馆教育纳入学校教育的文件指示精神，实现博物馆教育与学校教育有机结合的重要职能，在馆领导班子的大力支持下，在相关部

门的密切配合下，经过宣教部全体同志的共同努力，在2015年的8月1日，中国人民解放军建军88周年之际，创办了第一期平津战役纪念馆“少年军事体验营”，主要面向6～12周岁身体健康的小学生。他们在讲解员和解放军教官的带领下，身着戎装、情绪饱满、专心致志，聆听军事故事、学习军事技能、历练出飒爽英姿的“军人范儿”。

在为期一天的时间里，我们为他们精心设置了内容丰富、形式多样适合青少年成长特点的活动，其中包括：开营宣誓、了解天津故事、平津史实问答、“沙场点兵”军事技能操练、水兵生活体验（登62丙型护卫舰）、“内务标兵”叠军被、远红外打靶、“每期一款”兵器知识课堂、“巧手益智”拼装兵器模型、表彰“优秀军事小兵”“阅兵式”的结营仪式等活动内容。另外为了满足小营员们的需求，我们还利用午休时间为他们安排了军事游戏、猜谜语、歌曲联唱等活动，使他们在纪念馆度过了寓教于乐充实的一天。这项活动培养了孩子们坚强的意志和团队合作精神，受到学校和家长的青睐。

2. 2016年引进军事体验园

本馆与北京中关工国防教育咨询中心和北京爱国有方文化发展中心等单位联合主办的全民国防教育展览暨军事嘉年华，国内首家军事题材超现实主题乐园，于2016年6月1日在平津战役纪念馆军事体验园，面向社会隆重开园。“六一”主题乐园为小朋友们免费开放一天，为孩子们送上节日祝福的大礼包。

军事体验园由军事科普区、军事讲堂区、军事模拟体验区、主题娱乐区和综合服务区等组成，构思巧妙、内容丰富，寓教于乐、精彩纷呈。军事科普区以中国人民军事博物馆等主办的“国庆大阅兵回顾展”为主题，近百件最先进的武器装备，首次集体震撼亮相。按1∶1比例精心打造的歼10战斗机、武直10直升机、中国99式主战坦克和东风21导弹车等，雄踞平津战役纪念馆广场。军事讲堂区围绕国际和平、科技发展、军事变革和中国国防现代化建设成就等内容，不定期举办中国军事文化讲坛军事模拟体验区内涵盖海陆空三军方面的“保卫钓鱼岛”“我是神枪手”“舰载飞行驾驶”等12个项目。主题娱乐区主要包括适合低龄儿童体验的项目。综合服务区主要是生活服务和军事纪念品、书刊、音像制品的销售等。

3. 引进纪念建国70周年天津国庆彩车

2019年是中华人民共和国成立七十周年，参加国庆阅兵群众游行的国庆天津彩车格外引人注目，它集中展示了习近平新时代中国特色社会主义思想在津沽大地的生动实践。经中共天津市委常委会研究决定，将国庆七十周年阅兵天津彩车陈列于平津战役纪念馆并永久保存。

国庆天津彩车中所展示的象征天津发展成果的各种元素，为天津市民、特别是青少年进行爱祖国、爱家乡教育发挥了重要的作用。它不仅是一件动态艺术品，还象征着天津人民紧密团结在以习近平同志为核心的党中央周围，共创美好明天的精神，天津人民将继续保持着这种精神，高举旗帜，砥砺前行。

4. 引进“超级大白鲨”武装直升机兵器模型

2019年“超级大白鲨”武装直升机兵器模型入驻平津战役纪念馆，它是我国科研人员采用国际流行的翼身融合体设计和前行桨叶概念设计的一种新构型高速直升机，使得翼身融合体技术在直升机设计领域得到实质性的应用，属于未来新概念旋翼机的一种新构型，在第五届天津直升机博览会上正式公开亮相。

“超级大白鲨”武装直升机模型是针对未来数字信息化战场设计出的一种复合式翼身融合高速直升机构型，使翼身融合体技术在直升机设计领域成功获得实质性的应用，是对未来直升机设计的一个技术探索性项目。运用此模型对未成年人进行军事国防教育，有助于未成年人了解我国空军国防的最新科技探索方向，培养他们从小立志保家卫国的志向。

通过开展军事体验活动，激励广大民众特别是青少年进一步了解我国国防科技创新和国防现代化建设发展的新成果，了解当代世界军事科技发展新动态。激发热爱祖国、保卫祖国、建设祖国、立志成才的爱国主义情感，从而实现军事纪念馆对未成年人进行爱国主义教育、国防教育大课堂的功能。

总之，未成年人是国家的未来、民族的希望，是明天事业的接班人。加强未成年人思想道德教育，关系到国家和民族的兴衰，关系到复兴伟大中国梦的实现。为此我们应充分发挥纪念馆的社会教育功能，坚持以爱国主义教育为主题，力戒空洞说教，让青少年通过纪念馆领略多姿多彩、灿烂辉煌的文化遗产，教育和引导未成年人在潜移默化地接受中华民族优秀传统文化的渗透、熏陶中，树立正确的世界观、人生观、价值观，铭史励志，继往开来。

第二章 革命类纪念馆宣教人员职业素养的实践与思考

勤学不辍厚积薄发　持之以恒气满志得

——新的发展机遇期要求纪念馆讲解员自塑成才

讲解员是革命类纪念馆整体素质和形象的代言人，担负着革命类纪念馆社会宣传教育工作的重要职责。一座纪念馆的版面陈列、文物展示是静止的、无声的，它不能根据观众的需求有的放矢地反馈给观众信息，而讲解员能根据不同的观众进行因人施讲，能使静止、无声的文物“开口讲话”。因为，讲解员的讲解是诠释纪念馆展览的灵魂，是面对社会公众的喉舌，是沟通纪念馆与观众的桥梁和纽带。所以，她的言行举止、道德修养、文化素质、业务能力等个人综合素质，都直接关系到纪念馆整体接待服务水平，她的工作职能具有为观众提供“人文服务”无法替代的、不可或缺的重要性，肩负着革命类纪念馆文化传播者的责任和使命。因此，在新的历史时期，面对革命类纪念馆未来的发展机遇，作为讲解员将以怎样的角色定位，是每位讲解员亟待深思的问题。

一、育人育己、塑造自尊

自尊是一个人尊重自己，不容他人歧视侮辱的一种道德情感。它有助于激励一个人或一个民族努力维护自己的尊严，努力克服各种困难和自身的弱点，以达到自己或社会所期望的成果。在建设中国特色社会主义伟大事业的历史进程中，塑造自尊人格、捍卫民族尊严是我们每个公民的权利和义务。恪守尊重别人就是尊重自己的理念，促进社会进步，加速发展建设，提高综合国力。

革命类纪念馆作为社会教育的重要载体，它以直观、生动、形象的特有方式，面对社会大众开放，为社会发展服务。讲解员作为社会教育重要载体的传播者和推动者，首先要完成自我教育。自我教育要靠约定俗成的道德规范约束，要靠不断地自觉学习培养高尚情操，要靠在客观环境中的长期民族传统美德的熏陶，要靠在工作实践中的长期磨炼。其次要对个人的心理特征进行及时校正和自我疏导，以健康向上的人格面对观众，同时更要为有利于社会发展的宣传导向做出表率。人人争做政治合格、道德高尚、业务全面、爱岗敬业对社会有用的人。所以，讲解员人格魅力的展示、知识底蕴的释放，应当在观众来馆时，通过与观众的沟通、对展览内容的诠释，得到观众的认同，让观众尽可能在较短时间内，获得所要掌握的知识信息，讲解员的讲解效果能给观众留下记忆的烙印，讲解风格能给观众留下深刻的印象是至关重要的。

我国大部分博物馆纪念馆，招聘的讲解员多数为年轻女性，她们年轻、漂亮、有朝气、思想活跃，是博物馆和纪念馆靓丽的风景线。由于年纪轻、学历低、社会阅历浅，难免会出现与社会教育机构不相和谐的音符。不言而喻，必须对她们进行严格的道德素质教育、职业道德教育等，并且要常抓不懈。尤其作为革命类纪念馆的讲解员，事业的性质是为社会发展服务的社会教育的重要载体，事业的使命是为党的建设、国家的发展提供强大的精神动力和智力支持，职业素质要求讲解员必须做到自尊、自立、自信、自强。因为，讲解员的言行举止就像一面镜子折射社会，辐射面广，影响力大。所以，不要因为一时遇到挫折和困难而情绪低落，缺少锐气和韧劲；也不要因为取得一些成绩而自满自足，缺乏进取心和后劲；更不要将不良情绪和言论行为面对观众。要针对可能出现和已经出现的不稳定心理，学会及时疏导，提高对心理的自我调节和控制能力，加强自我修养，强化理想和志向，才能保持自信自强的人格魅力，才能维护自尊自立的社会形象。

从个人发展的角度看，讲解员要严于律己，自我约束。作为讲解员应该懂得，我们的岗位是国家和人民给予的机会和责任，应该具有强烈的责任感和使命感。需要有坚定的理想信念，应该将提高政治素质和道德情操为己任，思想要求进步，积极靠拢党组织，成为工人阶级先锋队伍中的一分子，为我党的革命传统和革命精神的传承和弘扬做出自己的努力。保持自警、自省、自律、自制的把握能力，加强道德素质修养，潜心健康人格塑造，掌握全心全意为人民服务的本领，对社会要有爱心和奉献精神。学会尊重、理解、帮助别人，反过来才能得到别人的尊重、理解和帮助。精神健康向上，待人诚恳热情，以自己高而雅的举止，美而正的言行，精湛的业务能力，爱岗敬业的工作态度，做革命文化和社会主义先进文化的传播者。

从社会发展的角度看，要规范管理，自律与他律相结合。作为纪念馆，在激发讲解员主观努力塑造自尊的基础上，对他们应该加强思想政治教育和政治理论学习，树立正确的世界观、人生观、价值观，增强爱党爱国爱社会主义信念，加强社会主义荣辱观教育，加强公民道德素质教育，加强职业道德教育等。立足岗位，恪守“以人为本”的服务理念，坚持全心全意为人民服务的宗旨。以高尚的人格，坚定的事业心，饱满的工作热情，娴熟的讲解技巧，独树一帜的讲解风格吸引观众，达到让观众了解祖国历史，弘扬革命精神，激发爱国情感的教育功效。完善管理制度，落实岗位责任制，加强行为规范的监管执行力度，使她们成为政治合格、作风过硬、品德高尚、业务全面的优秀讲解员，达到自我约束和规范管理相结合，让他们在自己的工作领域里撑起绚丽的彩虹。

平津战役纪念馆的讲解员队伍为半军事化管理，每年进行为期15天的军训活动。馆党总支为加强讲解员队伍的思想政治教育，定期组织学习，加强对党的认识，提高政治素质，吸收优秀分子加入党组织。我馆从开馆初期的14名共青团员，经过20多年的培养锻炼，已经有11名同志成为中国共产党党员，这与她们坚定的信念和执着追求是分不开的。在思想上提高认识，积极靠拢党组织；在学习上比学赶帮，提高综合素质；在工作上任劳任怨，本着“四个一流”的标准，为平津馆贡献自己的青春。

二、吐故纳新、塑造自立

知识信息的飞速发展使得终身学习成为必然，秉承传统文化，学习新知识，创造新思维，推崇良好的学习习惯是社会发展的需要。学习有助于完善人的精神境界，有助于平衡人格形成的种种偏颇和弱点，有助于完成自我角色的建立和综合素质的提升，让人们成为一个有知识、有教养、有才能的社会栋梁。革命类纪念馆本身是提供社会教育的重要场所，作为讲解员，讲解工作是陈列展览的灵魂，是融知识与语言为一体的综合表现形式，是讲、听双方思想情感与知识信息的融会交流过程。如果讲解员的知识底子薄，语言表达能力浅显，应变能力低，那将以何施讲于人？

学习兴趣需要刻意地培养，学习时间需要刻意地钻和挤。常言道：勤能补拙。只有认识到自己的“拙”，才有决心去补“拙”。由于讲解员的招聘注重仪表形象等外在条件，往往忽视了学识水平。但是，讲解员不应该无视自己的“软肋”，要客观面对自己普遍学历低、知识底子薄的现实状况，没有别的选择，先天不足，只能后天恶补。一方面从提高知识层次的角度，讲解员要实现自主、自觉学习，虚心、勤奋学习。切忌眼高手低，忌好高骛远。为此，客观制定学习计划，积极发挥主观能动性，做好给观众“讲一桶水，拥有十桶水”的知识储备。以知识为底蕴，不断学习新知识，提高文化修养，以实践为目的，提高业务技能，指导工作。另一方面从培养人才的角度，纪念馆要建立健全学习培训制度，广开渠道，采取专业知识培训与高等教育并行衔接的方式，有条件可采取脱产或半脱产的培训方式，开展对外交流学习、重点培养进修、业务研讨讲座活动等，鼓励乃至奖励成绩优异者，为讲解员搭建全面提升文化素质和业务水平的平台。学习学习再学习，向书本学习，向实践学习，才永远不会落伍。

平津战役纪念馆开馆时，十五名讲解员的最高学历是大专学历，而且只有三名。通过自身的勤奋努力和组织上的大力支持，现在讲解员队伍的学历情况是：本科毕业七名，本科在学六名。从工作实践中可以看到，边工作、边学习，不仅磨炼了意志，而且带动了业务水平的提升，学用结合相得益彰。

总之，挖掘可利用资源，开展形式多样、富有特色的学习活动，搭建知识传播、信息交流和学习成果的共享平台，激发讲解员学习的进取心，建立健全优秀人才的引进机制，以优厚的待遇条件、工作条件吸引和留住人才。建立健全人才绩效考核制度，实行优胜劣汰，带动人才整体综合素质的提高，切实保障讲解员队伍整体素质的提高，培养造就一支高知识、高素质、高水平的讲解员队伍。

三、学以致用，塑造自强

学与用的结合、知识与能力的转化是一个水到渠成的过程。讲解员精湛的业务素质靠广博的知识底蕴来支撑，靠扎实的专业基本功底来彰显。业务基本功是衡量业务水平的重要标准，其中包括：讲解内容翔实、版面结合得当、语言符合逻辑，态势语言得体，吐字清晰、声音洪亮、因人施讲、准确无误等。

讲解员应该正视自己的业务水平与实际工作要求之间的差距，强化实践环节，注重敬业精神与业务实践能力的培养。

1. 敬业精神是提高讲解员职业道德素质的根本要求

你的社会分工和责任要求你对工作要有事业心，要保持浓厚的兴趣，要保持精益求精的钻研精神。对于持续重复工作产生的松懈、不求进取的情绪，要及时遏制。遇到挫折和失败，要理性面对，将其视为磨炼自己的机会。对于已经取得的成绩，不能安于现状，要有忧患意识。应当通过孜孜以求地学习新知识，掌握新技能来敦促和保持积极的工作心态，推陈出新，学以致用，促进业务实践，做好社会宣传教育工作。

2. 业务实践是提高讲解员综合运用知识能力的必要环节

革命类纪念馆宣教队伍的工作重点之一是注重业务水平的提高。在日常工作中，突出业务特色，在熟练掌握展览内容的同时，注重相关知识点以及重点文物讲词的丰富，创立各自独特的讲解风格，夯实业务基本功底。定期进行业务考核，在考核过程中，要求独立动手，准备考核资料，目的是锻炼写作能力；组织义务宣讲团走进学校、军营、社区，要求自己组织编撰宣讲稿，开创不同类型观众喜闻乐见的宣讲形式，目的是激发活力拓宽思路；组织临时展览的巡展活动，要求因地制宜地根据实际情况，自行布展、撤展、修改讲词、组织疏导观众等应变能力的工作实践活动，挖掘潜力，锻炼实战能力；鼓励支持、积极参加各种与业务相关的技能竞赛，创造与同行交流切磋的机会，目的是拓展视野，提供自我发展的平台。达到了解自己，不坐井观天，以期全面提升讲解员的业务学习和业务实践的能力和水平。

四、一专多能，塑造自信

在文博界，讲解工作是青春职业的说法一直困扰着讲解员。但是，长期的工作实践证明，我们文博界的专家、领导者不乏讲解员出身，讲解员不是青春职业，讲解工作领域大有可为。作为讲解员不能追随认同，要正确面对，要用自己的实际行动，扭转行业内的职业偏见。要恪守自尊、自立、自强、自信的职业素质理念，在工作中，不断学习、勇于实践、开拓创新，实现由青春型向知识型、专家型转变，成为纪念馆持续发展所需要的人才。

真才实学，是自信的基础；用执着的自信心去努力，相信事在人为；拥有自信，梦想就会变成现实。对于纪念馆来说，一专多能的复合型人才是文博事业所代表的先进文化的重要承载者和创造者，是实现我国文博事业创新发展的中坚力量。培养人才、吸引人才，建立人才信息库，为其提供创造各种有利于人才发展的学习、研究、工作的条件，保障人才的学以致用和人尽其才，才能保证文博事业员工队伍的建设。因此，培养讲解员博学多才、一专多能是纪念馆宣教工作持续发展的长远思路，是讲解员为之勤学不辍、持之以恒的奋斗目标。对每位讲解员来讲，都需要凭借对事业的执着和热爱去发掘内心的热情、活力和创造力，用真才实学、聪明智慧实施人生的理想，以金石为开的虔诚、爱岗敬业的理念、积极进取的态度来面对自己的事业。

孔子曰："敏于行而慎于言。"就是说：作为君子要多做少说，不要做语言的巨人，行动的矮子。我们的言行透视着我们的品德，左右着我们的成败，命运掌握在自己的手里，要靠我们勤恳务实、不事声张的学风和作风，来践行做人做事的基本准则。作为以复合型人才发展为目标的讲解员，立足本岗、勤奋工作，以本馆的文物、史料为基础，在摸清家底的基础上，向外扩展延伸，无论从横向或纵向，摸清脉络，把握实质；重视相关学科知识的积累，做到博中求专，专中求精，借鉴一切有利于纪念馆持续发展的新视角、新思路、新经验，借助高科技多元化宣传手段，彰显纪念馆教育功能的特殊魅力；保持脚踏实地、夯实基础、博学多才、蓄势待发的工作作风，实现转型和跨越发展的目标。

天道酬勤，水滴石穿。人的一生就是用不断学习的生命之笔，描绘出色彩斑斓、多姿多彩的人生轨迹。不论你多么普通、不管你的职业多么平凡，只有知行结合，才能接近心中的目标，才能使成功与你相伴而行。我们既然选择了讲解员这个崇高而神圣的职业，就要认识到讲解员的职责在纪念馆是其他方式无法替代的“人文”的服务品牌。为了与纪念馆的发展相适应，我们必须不断地学习，全面地学习，凡事亲力亲为。面对危机，应对自如；面对挑战，勇于担当。摆脱危机的出路是学习创新，敢于挑战的出路仍是学习创新，勤学不辍是厚积薄发的基石。人生如果缺少了自我磨砺，就不能称为完美的人生。让我们为共同追求的理想和目标，成为素质高、业务精、一专多能的复合型人才，从我做起，从现在做起。

纪念馆讲解员应具备的基本素质

在习近平新时代中国特色社会主义思想指引下，革命类纪念馆作为社会教育的重要场所，为社会发展服务，为社会主义精神文明建设服务，为提高全民的道德素质服务，为实现中华民族伟大复兴中国梦服务。讲解员作为纪念馆的“代言人”，其接待服务的综合素质直接影响着教育场所的教育效果和社会效益的影响力。本人在23年宣教工作的体会中，认为讲解员岗应须具备的基本素质包括：政治素质、道德素质、职业道德素质、文化素质、文明礼仪素质、心理健康素质、服务意识素质、能力素质等。

基本素质是指一个人在政治、思想、作风、道德品质和知识、技能等方面，经过长期锻炼、学习所达到的一种素养，能对人的各种行为起到长期的、持续的影响，甚至决定性作用。随着社会的发展，人们逐渐认识到学习知识、培养能力的重要性。通过实践，人们更深刻地认识到，有比知识、能力更为重要的东西，有比接受和获得知识、提高能力更具影响力的东西，那就是“素质”，其核心就是一个人立足于社会的“为人之道”，就是“做人”的根本。

一、讲解员接受素质教育的重要性

素质是知识内化和升华的结果，知识是素质形成或提高的基础。没有知识作基础，素质的养成和提高便不具有必然性和目标性。只具有丰富的知识并不等于具有较高的素质，素质是教化的结果，是可以培养、造就和提高的，是可以通过人的外在形态来体现的。所以，要想具备素质，就得学习知识、接受教育、养成良好的习惯。

一名合格的讲解员，或一名具备了一定综合素质的讲解员，在完成接待服务工作任务的过程中，你的言行举止、言传身教都会影响观众。讲解员肩负着社会教育的责任，承担着唱响社会主旋律和传播社会正能量的使命，折射着社会文明进步发展的熠熠光彩，辐射面广、影响力大。所以，教育是培养人、感化人的过程，接受素质教育是必修课程。将素质教育的思想渗透到所有的教育之中，来弥补讲解员队伍培养发展工作中的不足，来顺应博物馆、纪念馆持续发展的方向。

二、接受素质教育要实行终身教育

终身教育的范围和内容不受个人职业或专业的限制，为我们每个人指出了一条自我发展、自我完善的成长之路，它促进了教育社会化和学习型社会的建立。所以，每一个人在基础教育阶段都要打好基础，学会自主学习、自主发展；每一个人都必须恪守终身学习、不断调整、提高发展自己的信念；每一个人都要重视终身教育，使自己适应工作和职业发展的需要；还应该重视铸造人格、发展个性、挖掘潜能，实现更高层次、更高品质的精神追求。

讲解员可以根据自己的行业特点和岗位需求，来选择最适合自己的学习目标，必须把素质教育的理念，贯彻落实到讲解员队伍建设的各个环节。特别是在职业道德和业务实践过程中，要注重提高她们的整体综合素质，只有将“做事”与“做人”有机地结合起来，才是我们所追求的理想的教育结果。

三、讲解员应具备的基本素质

长期以来，我国博物馆、纪念馆在讲解员定向培养方面存在着一些偏颇，讲解员的身高形象作为重要的招聘条件之一，外在美是一方面，但心灵美更重要。所以，讲解员自始至终承担着履行社会教育的义务和职责，为了能肩负起所承担的义务和职责，必须修炼内功，提高自身的素质。

（一）政治素质

政治素质是一个人综合素质的核心，是一个人的政治方向、政治立场、政治观念、政治态度、政治信仰、政治技能的综合表现，政治素质的高低是社会政治文明发展水平的重要标志。所以，革命类纪念馆必须把具备良好的政治素质纳入讲解员的招聘条件，并着力在今后的工作中不断提升。那么，革命类纪念馆如何提高讲解员的政治素质?

首先，思想重视，认识到位。加强思想政治工作是强化思想政治教育、转变工作作风、提高接待服务水平的重要环节。纪念馆通过开展长期有效的思想政治工作，进一步增强讲解员的政治意识、大局意识、核心意识、看齐意识、创新意识和服务意识，加强树立文明型、学习型、服务型公益事业单位形象，充分发挥其社会教育功能，为经济建设和社会发展服务。

其次，加强政治理论学习，提高政治素质。为了使思想政治工作顺利开展，就要培养和激发讲解员树立重视政治理论学习，制定完善学习计划和制度，丰富学习内容。只有不断加强政治理论学习和实践应用，切实提高讲解员的政治敏锐性、政治鉴别力，才能提高自身的政治素质。

最后，完善工作机制，创新工作思路。结合讲解员个体全面发展方向和本单位的实际情况，进一步强化讲解员思想政治工作的制度建设、阵地建设和队伍建设。采取行之有效、形式多样的举措，组织开展各种征文、知识竞赛活动，学习模范人物的先进事迹，观看先进典型事迹的电影、录像、展览。加强贯彻落实和监督考核的力度，通过有形的制度建设来推进思想政治工作的开展，从而形成以制度建设推动思想政治工作健康有序发展，保证讲解员队伍思想政治素质都能跟得上形势，不掉队、不落伍。

（二）道德素质

道德是人们在复杂的社会交往中，一刻都不能离开的生活和工作的准绳。道德素质教育是个人道德品质形成的重要推动力，它的主要任务是要人们懂善恶、明是非、知荣辱，使社会道德准则和行为规范内在于心外在于行的践行。通过各种教育途径，来引导示范讲解员从小事做起，学思并重、积善成德。

1. 家庭美德教育

讲解员作为家庭成员的一分子，自觉接受以尊老爱幼、男女平等、夫妻和睦、勤俭持家、邻里团结为主要内容的家庭美德教育。家庭美德是调节约束家庭生活、家庭关系和家庭成员的行为规范准则，是维系家庭和谐幸福、邻里和睦相处的主要准则，也是社会道德的重要基础和社会稳定的重要保障。人是组成家庭的细胞，家庭是组成社会的细胞，让家庭美德深深地扎根于每个人的心里，左右每个人的言行，从而筑牢社会道德的壁垒。

2. 社会教育

一个人在社会上如何发挥作用，发挥什么样的作用至关重要。人人都是施教者，又都是受教育者。任何人的言行举止，无不影响着你周围的人，而你也受着别人的影响。讲解员作为社会成员的一分子，特别是在频繁的社会动荡和社会激变中，对社会其他成员进行健康思想、良好品德及正能量的引领，充分体现了社会教育的重要性。社会教育涉及社会的方方面面，社会教育内容和形式多样化，受教育者不受阶级、地位、年龄、资历等限制，充分体现了社会教育的民主性、公平性和共享性。它具有活动空间更立体，影响面更广泛，更能有利于人的社会化发展，更能有效地对整个社会发挥积极作用的特性。

3. 自我教育

讲解员作为社会教育重要场所的“代言人”，首先要完成育人先育己的自我教育。自我教育要靠不断的自觉学习，要靠在客观生活环境中正能量的长期熏陶，要靠在工作实践中立足本岗的长期磨炼。其次通过教育不断加强讲解员自身道德修养，加强道德意识，陶冶道德情操，锻炼道德意志，确立道德信念，养成良好的道德习惯。最后要加强对个人心理健康的自我疏导，以健康向上的人格面对观众，同时更要为有利于社会发展宣传主旋律的导向做出表率。

4. 荣辱观教育

讲解员树立社会主义荣辱观的过程，既是一个提高认识的过程，更是一个自觉实践的过程。在我们讲解接待服务过程中，恪守“爱国守法、明礼诚信、团结友善、勤俭自强、敬业奉献”的公民道德基本规范，把弘扬民族精神和时代精神贯穿于纪念馆社会教育的全过程，贯穿于精神文明建设全过程。社会主义荣辱观不仅点出了中国社会目前思想道德建设的要害，也为重构中华民族的荣辱观，培育和践行社会主义核心价值观，塑造具有良好道德修养的社会主义公民，促进良好社会风气的形成和发展指明了方向。

5. 社会公德教育

社会公德教育着眼于调整和规范社会公共环境下人与人的关系，建立和维护社会规范、社会秩序，避免出现人与人关系的失序、失礼，即我们所说的“良知”。加强社会公德教育，一是社会各方面加大宣传教育力度，二是以法律法规的形式对社会公德加以规范，三是承担社会教育机构和场所的引领和示范作用。所以，必须加强对讲解员进行社会公德教育，培养她们乐于奉献的生活态度，强化自律意识、公德意识，增强社会责任感、使命感，以身作则、率先垂范，做一名有“良知”的公民。

6. 爱国主义教育

无论是战争年代，还是和平年代，爱国从来只有进行时，没有完成时；从来只有现在时，没有过去时。所不同的是在内容和形式上有所侧重。随着改革开放的深入推进，文化思想领域的竞争日益激烈，凸显在现代文化对传统文化的推陈出新、中西方文化思想的相互渗透等，体现了巩固社会主义文化阵地的任务艰巨。所以，烈士陵园、博物馆、纪念馆等各类人文历史的文化场所，既是爱国主义教育的重要基地，也是宣传科学理论、传播先进文化、倡导科学精神等方面的重要载体。加强对讲解员进行爱国主义教育，要做到内化于心，外化于行，恪守讲好中国故事，传播好中国声音的神圣使命。

（三）职业道德素质

职业素质是一个人的职业操守，无论你从事哪份职业，都必须遵守社会分工机构中规定的准则。职业道德是人格的一面镜子，反映了一个人的整体素质，是一个人事业成功的保证。培养讲解员良好的职业道德习惯，是能出色完成工作任务的必要前提。

1. 国际博协《博物馆职业道德准则》节选

（1）坚持正确的政治方向，全心全意为人民服务，为社会主义服务。服从大局，恪尽职守，爱岗敬业，开拓进取，做有理想、有道德、有文化、有纪律的纪念馆工作人员。

（2）坚持把社会效益放在首位，弘扬祖国优秀历史文化和光荣革命传统。学习专业知识，掌握业务技能，增强历史使命感和社会责任感，以优异的工作成果奉献社会。

（3）提倡艰苦奋斗、勤俭创业精神。关心集体，尊重同志，团结协作，诚实守信。弘扬正气，抵制一切不正之风。

（4）严格执行国家关于廉政建设的各项规定。廉洁奉公，不吃请，不受（送）礼。文物保护专项经费必须专款专用，严禁挪做他用。

（5）在文物调查、考古发掘、陈列展示和宣传出版工作中，所得的文物和相关资料，在工作告一段落时，必须全部及时上交主管单位，任何人不得私自占有或据为己有。反对垄断文物资料并谋取私利的行为。

（6）国有文物经营单位和博物馆工作人员在征集和收购时，所收购的文物及有关资料全部上交单位，严禁隐瞒私存。遇有出土文物，应按有关规定及时妥善处理。

（7）文物工作者个人不得收藏、买卖文物。严禁利用职权在文物征集、收购工作中为自己或他人留存文物。

（8）维护国家对国有文物的所有权，严禁将国家所有的文物作为礼品赠送给任何部门或个人。

（9）树立文物主权意识，知识产权意识和文物安全保护意识。严守国家文物机密，未经法定程序批准，任何人不得擅自对外提供未经发表的重要文物信息和资料。发现文物被盗窃、盗掘或遭受其他损坏，必须立即向有关部门报告，严禁隐匿不报。

（10）在对外合作或涉外活动中，必须维护国家的尊严和权益，合作和交流项目必须严格依照法定程序批准的协议规定进行，个人不得向外方做出任何承诺。禁止利用文物涉外工作为自己和亲友谋取私利。

2. 中国文物学会、中国博物馆协会《中国文物、博物馆工作者职业道德准则》节选

（1）忠诚文物事业。以保护文化遗产、弘扬中华文化为己任，以奉献社会、服务人民为宗旨。

（2）严格依法履责。坚决贯彻文物工作方针，坚定执行《中华人民共和国文物保护法》，勇于同文物违法犯罪行为做斗争。

（3）追求科学精神。尊重知识，尊重人才，遵循规律，求真务实，改革创新。

（4）恪尽职业操守。不收藏文物，不买卖文物，不违规占用文物及资

料，不以文物、博物馆职业身份牟取私利。

（5）树立文明新风。自觉遵纪守法，践行社会公德，艰苦奋斗，甘于奉献。

（四）文化素质

人的素质不取决于他的知识面有多大，而取决于他的价值判断力和道德认知力有多强。没有知识可以被宽容，但没有良知不可以被宽容。我们应该允许自己的无知，也应该宽容别人的无知，但绝不能宽容的是没有良知。[1]

1. 讲解员的学历提高

我们的生命是有限的，而有关于这个世界的知识是无限的。[2]随着文博事业的不断发展，博物馆、纪念馆的“内存配置”不断升级换代，现代化展示手段和高科技互动操作园区的设置等，对博物馆、纪念馆的工作人员必须具备一定的知识能力和操作能力的要求进一步提高。所以，应聘讲解员岗位的学历条件随之提高。

2. 讲解员的学习途径

后天的努力比先天的聪慧更重要。随着文博事业现代化进程发展的要求，使得终身学习成为必然。学习新知识，补充新能量，边学边干，不仅磨炼了良好的工作作风，而且促进了业务水平的提升，学用结合相得益彰。

（1）自主自觉学习

根据讲解员的业务理论学习和实践经验积累筹，积极发挥主观能动性，客观制定自学的短期和中长期学习计划，确定每个阶段所要取得的学习目标。

（2）集中学习

A.纪念馆人事培训部门，要从人才队伍培养的角度着手，针对讲解员岗位的特殊性，建立健全符合讲解员工作性质的培训制度。

B.定期或不定期组织讲解员学习研讨相关业务的新视角、新观点的专著、论文等。

C.安排馆内业务研究人员，为讲解员做学术研究成果的专题讲座，为及时丰富讲解词内容，达到与社会的资源共享。

（3）采取“请进来”的方式

A.邀请相关的亲历者、参与者及家属后人等人员，为讲解员讲述客观真实的历史背景、介绍人物生平和挖掘文物背后的故事。

B.邀请相关的专家学者，为讲解员进行相关专题讲座。

（4）采取“走出去”方式

A.参加文博学会、行业系统等举行的业务学习培训。

B.与相关大专院校的相关专业建立合作关系，相关的重点课程，安排讲解员去进修。

C.到兄弟馆进行走访学习交流经验，为讲解员搭建全面提升业务水平和业务实践的平台。

（五）文明礼仪素质

在全社会彰显“以人为本”服务理念的大环境下，革命类纪念馆已由文化传播、宣传教育等功能向文化旅游服务等功能转变。讲解员在接待服务过程中，所执行的岗位职责、规范要求等，必须包括文明接待服务的内容。

1. 讲解员学习文明礼仪的重要性

学习文明礼仪，促进良好习惯养成。如何体现有礼、有节、有度的修养和风度，已成为现代人社会交往所尊崇的法则。读书学习使人知道礼仪，使人懂得事理，使人儒雅善良，使人自觉约束言行。

讲解员必须注重在以下几个方面加强学习和实践：在家庭生活中，表现为尊老爱幼、夫妻和睦、邻里团结；在人际交往中，表现为谦恭礼让、谅解宽容、与人为善，特别是在对外交往中，重形象、讲礼仪；在社会生活中，表现为遵守规则、维护公德、同情弱者、扶贫济困、爱护环境、善待自然。

2. 讲解员接受文明礼仪素质教育的重要性

人与人之间相处讲究文明礼仪“素质”，人与自然相处讲究天人合一的“环保”。文明礼仪素质教育不仅是个体道德、品质和个性形成的基础教育，也是提高全民族道德素质、振兴民族精神及建设社会主义精神文明的基础教育。

不置可否，文明礼仪不是个别人群、个别行业、个别社会等层次的需求，而是全民所需。所以，讲解员必须在提高自己文明素养的前提下，在整个社会倡导文明的大环境下，坚守社会教育阵地，履行教书育人、服务育人、环境育人、文化育人、风气育人的社会教育职责。从我做起，从现在做起，这样才能“春风化雨，点滴入土”。

（六）心理素质

心理素质是一个人综合素质的基础，也就是心理定力的能力。讲解员需要一个健康的心理素质，才能胜任工作需要。

1. 健康心理素质标准

世界卫生组织确定心理健康的六大标志：一是有良好的自我意识，能做到自知自觉，既对自己的优点和长处感到欣慰，保持自尊、自信，又不因为自己的缺点感到沮丧，甚至自暴自弃；二是坦然客观面对现实，既有高于现实的理想，又能正确对待生活中的缺陷和挫折，做到“胜不骄，败不馁”；三是保持正常健康的人际关系，能承认别人，限制自己，能接纳宽容别人的短处，在与人相处中，尊重多于嫉妒，信任多于怀疑，喜爱多于憎恶；四是有较强情绪控制力，能保持情绪稳定与心理平衡，对外界的刺激反应适度，行为协调；五是处事乐观，满怀希望，始终保持一种积极向上的进取态度；六是珍惜生命热爱生活，有经久一致的人生哲学。

2. 讲解员心理健康素质的养成

健康的心理素质训练是提高人们心理素质重要而有效的环节。讲解员的健康心理素质的养成，需密切结合每个人的心理特点，进行有目的、主动的、有意识的心理素质训练和调整，重视培养自觉性、主动性、创造性，侧重培养健全人格、情绪管理与调节、提高交往能力、提高挫折承受力、培养积极的心态、预防心理疾病等方面。激发调动他们注重学习、主动参与的积极性，在学习实践中去体验、去总结、去提升，帮助他们解决面临的实际问题，不受自己情绪的干扰，不受外界眼光及言论的影响，冷静从容地做自己该做事的能力，帮助他们实现自我觉察、自我探索、自我教育、自我发展的目标和效果。

3. 讲解员自信心理素质养成

人的自信心并非与生俱来，是源于不断的努力、刻苦、勤奋而改变，是后天可以养成的。只有相信自己，有意识、有步骤地培养自己的自信心，才能克服自卑感，自信才会自然流露。

A.讲解员自信心的软肋

自信心的个体差异不同程度地影响着学习、竞技、就业等方面。所有优秀的讲解员，首次面对观众时的心情都是紧张忐忑的。那么，如何在紧张状态下自如发挥，对于每一位讲解员来说都有一个锻炼的过程。另外，在面对高规格的讲解接待任务时，又如何调整心态，组织好讲解语言，这些也不是一蹴而就能学来的，只有经过各种实践的历练，才能身经百战。但是随着时间的推移，日复一日、年复一年、一遍又一遍地重复讲解，大家会疲惫甚至厌倦讲解，所以一直不停补充知识调整心态，做到常讲常新的讲解状态是非常重要的。

B.讲解员自信心理素质养成训练

一个人公众场合声音颤抖，语句不连贯，语气不顺畅，无法自如表达自己，这是自卑、没有自信的表现。尤其是刚入职的讲解员，应该如何培养自信心？不妨从以下几点强制自己多学习、多实践。

第一，强制学会进入别人的视线。你是否注意到，无论在教室或会议室的各种聚会中，人们习惯先坐后排或靠边的座位，目的是自己不会“太显眼”，这就是缺乏自信的原因。所以，凡是集体活动，你要强制提醒自己，尽量往前排坐、往中间坐、往第一排中间坐。

第二，强制学会正视人。不敢与人正视意味着：我很自卑、我不如你、我怕你。正视别人等于告诉他：我很诚实、我光明正大、我不心虚。所以，在为观众讲解或与人沟通交流时，要勇敢正视人们的眼神，要真诚地与人平视，不能斜视，要从眼神里了解他们的需求。

第三，强制学会当众发言。不论是参加什么性质的会议或聚会，都要锻炼积极主动发言，可以是评论、建议或提问题，要多用肯定的语气和言辞。如果积极主动发言，就会增加信心，并且语言的组织和说话的语速也会得到锻炼。

第四、强制学会抬头挺胸。抬头挺胸步伐稳健，你就会感到自信心在滋长。所以，在讲解过程中，要挺胸抬头，别扬下巴，面带微笑，语言流畅，步伐稳健。

第五，强制学会自主学习，融会贯通。博学的知识储备是自信心强大的基石，自信的前提是用高尚的品格完善自己，用奉献社会的爱心充实自己，最重要的是用博学的知识储备武装自己。发挥主观能动性，自主、自觉学习业务理论知识，逐渐拓展知识面的涉猎，善于总结归纳，汲取所学知识的精华，学以致用、融会贯通，丰富讲解词内容，做到常讲常新。

（七）服务意识素质

具有服务意识的人，能够把“利他”和“利己”行为有机协调起来，表现为“以别人为中心”的倾向。在我们的生活中，服务意识就是存在于一个庞大的生活服务系统之中，相互依存的个性化服务。只有先以别人为中心，服务别人，才能体现自己存在的价值，才能得到别人对自己的服务。而缺乏服务意识的人，把“利己”和“利他”的行为对立起来，则表现为“以自我为中心”的倾向。

服务意识是发自服务人员内心的，是一种本能和习惯，是可以通过培养教育训练而成的。革命类纪念馆作为公益性文化事业单位，管理是关键，服务是支柱。打造革命类纪念馆的“文化品牌”，“观众至上”的服务意识必须存在于我们每个人的思想意识中，必须体现在每一位员工的服务中。那么，如何培养讲解员的主动服务意识?

1. 加强讲解员主动服务意识教育

讲解员主动服务意识的养成是一个长期的构建过程，为了使她们掌握服务型行业所必须的服务理念和技巧，必须加强爱岗敬业教育和主动服务意识教育，完善管理机制，使讲解员形成日常主动服务意识的惯性思维模式，养成主动服务的主动性、自觉性的习惯。

2. 重视讲解员的人性化管理

革命类纪念馆要将人性化管理和理性管理有机结合，重视讲解员的成长与发展，建立学习培训、考核奖惩机制，激励和强化服务意识。让她们养成“一切为了观众，我要给他们帮助”“心里想着观众，他们需要我帮助”的主动服务习惯。改善工作条件，提高福利待遇，让她们切身感受到“职工之家”的温暖。

3. 创作精品，服务社会

讲解员结合社会宣传教育的岗位职责，积极发掘具有民族特色和地方特色的精神文化产品，创造具有思想性、艺术性、观赏性，人民群众喜闻乐见、唱响主旋律、释放正能量的文化服务精品。采取推进传播快的数字化、网络化模式，使用动漫、游戏等喜闻乐见的形式，来丰富我们的宣传教育手段。深化贯彻“三贴近”，与社会保持“零距离”，拓展社会宣传教育的辐射面，达到社会公共文化服务的便民化、均等化、共享化。

（八）能力素质

能力是素质的一种外在表现，能力的高低将直接影响开展工作和活动的效率。所以，提高讲解员的能力素质，就要注重将循序渐进、潜移默化的渗透性教育和良好习惯养成性的教育相结合，注重内化过程与实践体验的结合。

1. 讲解员的能力培养

讲解员除了承担展览的讲解工作，还承担讲解词撰写，宣传教育活动的立项策划、撰写制作、推广实施、演讲和讲座等诸多业务工作。能顺利成功完成某项工作或活动，应该是多种能力综合运用的结果，并能创造性地完成相应的活动，就表明具有从事这种活动的才干。

（1）学习能力培养

不学习，必定会落后于人、落后于社会，最终被社会淘汰。学习能力是所有能力的基础，它要求一个人不仅要学习宽泛博学的知识，还要学会学习的方法，树立终身学习的理念。学习是一种生存能力的表现，在职业生涯的发展中，胜任工作的能力和迅速取得新能力的方法都离不开学习。

一个人的学习能力往往决定了一个人竞争力的高低。在讲解员学习能力培养过程中，不能忽视主体参与及内在需求和个性化发展的要求，否则将会导致缺乏自主学习和追求新目标的动力，使他们的能力提升受到影响。所以，要充分发挥讲解员的主观能动性，多为他们创造选择自主学习的时间与空间，鼓励他们大胆地根据自身条件的特点，让“被动”学习变为“主动”学习，到主动实践。

（2）沟通能力培养

与人沟通建立在彼此互相平等、信任的基础上，我们会遇到各种各样的人，就要学会与各种类型的人打交道。表面上，沟通能力似乎是一种能说会道的能力。实际上，人们一般比较重视语言的交流，它包罗了一个从穿衣打扮到言谈举止等一切行为能力。所以，在沟通之前，你必须了解对方心里想什么，提前做出反应，让每个人在个体与群体的交往中都充满合作的机会，让他们体验到人与人之间互相和谐沟通、互相帮助鼓励、互相支持协作的重要性及体现个人价值所在。

沟通能力是人与人、人与社会生存与发展的必备能力。讲解员是纪念馆与观众沟通的桥梁，讲解员与观众的沟通就靠讲解员的“讲”。你“讲”得引人入胜，观众就会被你引领前行；你说得有理有据，就拉近了与观众的距离。所以，一个具有良好沟通能力的人，可以将自己所拥有的专业知识及专业能力进行充分发挥，并能给对方留下深刻的印象。

（3）语言表达能力培养

我们生活在一个有声语言的世界里，语言是人与人交流的工具，语言表达能力是每个人获得生存能力的重要条件之一，是现代人必备的基本素质之一。但语言表达能力并不是与生俱来的，它可以通过人们后天的语言训练和沟通交流而获得强化与提升。当然每个人的主客观条件不同，所表现出来的语言能力不同。语言表达能力强的人，能把平淡的话题讲得引人入胜、浮想联翩，反之，就算他讲的话题内容辞藻华丽、修辞完美，也不能打动听众。

革命类纪念馆就面临这样的尴尬，如何把我们党的光荣历史、光荣传统、革命精神薪火相传，是我们作为革命类纪念馆“代言人”的讲解员责无旁贷的职责。我们不仅要尊重客观史实，还要有新的思想和见解，更要用自己语言表达的主旋律去感染震撼观众，用自己传递正能量的行动，为观众率先垂范的作用很好地展示出来。

平时注重多听、多看。听新闻、听演讲，可以培养听的能力，可以获得丰富的信息，为培养说的能力打基础。看影视剧、看访谈节目、博览群书，可以从生活艺术化的角度，纵观社会人生百态生动感人的经历，可以学到他人良好的接人待物方法和说话交流方式、语言技巧和修辞内容。

平时注重多读、多说。首先要敢于说，这是练好口才的前提。朗读和背诵诗词、格言、散文等，不仅可以强化记忆，还能慢慢形成自己正确而生动的语言习惯，不仅会在情感上收到滋润和熏陶，还能训练自己养成良好的语感。其次还要做到有话可说，这是练好口才的基础。这就需要多读书，知识面要广。最后是要善于谈话，这是练好口才的关键。主动多与人沟通交流，扩大你的朋友圈，多与同事讨论学习问题，谈论社会热点话题，多与亲人、朋友倾诉苦恼与分享快乐，表达自己的见解和情感，有利于提高语言的驾驭能力。

（4）文体写作能力培养

革命类纪念馆讲解员的宣传教育作用不可或缺，创新讲解形式、专题宣教活动是讲解员的社会职责，编写讲词、撰写宣讲稿件更是讲解员的基本工作职责，所以良好的文字表达能力是必备的素质。

在现实生活中，有时候我们不是不会“说”，而是不会“想”，不是不会“写”，而是不会“编”。其实“想”就是思维，“编”就是创作，想的思路要正确，编的内容要合情合理，要养成善于想、善于编的好习惯，能想、会编、善说是想象力丰富、创造力极强的标志，能创作是使自己的文字表达能力得到锻炼和提高的捷径。

平时注重要多阅读、勤动脑。要想写出好文章，平时要坚持不懈多看书，要随时随地做好笔记、积累素材，要有切身的生活体验积累，对周围事物及环境细心观察、调查研究、归纳总结。

平时注重多动笔、多练习。要掌握各种文体的写作、语法、修辞方法，强化多读、多背、多记，进而多写、多练，从故事、短文开始练笔，提高文字的表达能力，更好地驾驿文字，最终写出所需要的文章。

2. 讲解员的能力素质培养

能力不是万能的，但没有能力是万万不能的，提升个人的能力素质是当代和谐社会对我们的需要。讲解员的能力素质是一种形象、一种责任、一种价值，更是一门艺术。

（1）勤奋学习，提升能力素质

加强学习，克服能力欠缺和本领恐慌的软肋，一个好思路、好办法、好观点，必须靠深厚的理论功底做基础。不论什么时候，学习是充实自己的最好捷径。学习要着眼于相关知识的需求，努力补齐能力素质发展的“短板”，要在学习中渐进积累、聚沙成塔，要勇于实践、善于总结。必须自我加压，对自己高标准严要求，把好方向、定好目标，这样才会勤勉自励。

努力拓宽自己学习与实践的领域，要具备出色的工作能力就要不断学习实践，把所学的知识转化为实践的能力，以敏捷的思维和观察力发现问题，找出问题的根源，以新的思维、新的视角分析问题、判断问题、处理问题。

（2）学用结合，提升能力素质

讲解员每个人都要坚信，我们的成长进步，离不开组织上的培养、同志们的帮助和个人的努力，希望大家要珍惜自己的岗位，时刻把自己的进步与单位的发展放在首位。立足讲奉献、讲大局的高度上，正确对待个人的进退发展，全身心地投入到实际工作中，脚踏实地做好本职工作。

一个人的成长历程，大部分都是吃“亏”吃出来的，挑重担子“压”出来的，紧急任务“逼”出来的。要想提高素质、增长才干，没有吃苦耐劳的奉献精神是不行的，没有不断反思总结、提炼升华是不行的。显而易见，必须加强学用结合，把岗位培训和实践作为锻炼自己、检验自己、提高自己的舞台。在工作中应当拓宽视野、自我加压、谦虚谨慎，要勇担责任、出谋划策，不故步自封、不居功邀功，要在工作质量和标准上求突破，要在工作方法上求突破，在不断进取中实现素质的提升。

（3）强化责任意识，提升能力素质

讲解员要提升能力素质，必须强化责任意识。进一步增强推进宣教工作的使命感，充分认识自身的岗位责任、社会责任和家庭责任，要坚持对岗位负责、对社会负责、对家庭负责、对自己负责的态度。只有保持这种积极向上的良好惯性思维，持之以恒的干劲，会信心百倍地朝着自己锁定的目标努力，充分发挥好示范引领和辐射带动作用，做一名负责任、敢担当、有作为的先进文化的传播者。

坚持观众至上服务观众的责任意识。要严于律己，常怀感恩之心、敬畏之心、珍惜工作岗位，永远把观众放在心中。在岗位上要保持强烈的事业心、责任心、上进心，要把提高能力素质作为立身之本、进步之源，要将组织的信任和重托，转化为自身进取、服务观众的动力。要注重“小事”见精神，从一件小事中往往能反映一个人的工作态度和工作能力。“勿以善小而不为，勿以恶小而为之。”事小眼界不能小、用心不能少、规矩不能少、标准不能低。

总之，要做好一切，首先要了解自己，提升个人的能力取决于你人生的“三观”。现在社会的竞争，不是体力的竞争，而是脑力的竞争。浮躁的社会环境下要学会平静自己的心灵，开卷有益多阅读有积极意义的书籍，扩大自己的知识面和认知能力水平。你只要敢想敢做，符合客观实际的要求，必定会获得一分收获。

参考资料：

[1] [2]《知识虽是力量，良知才是方向》鲍鹏山

浅谈博物馆中讲解员的桥梁作用

博物馆的陈列展览是集直观性，形象性，知识性、艺术性、趣味性于一体的综合性表现形式的载体。在博物馆事业蓬勃发展的今天，博物馆的讲解工作，已逐渐成为一门艺术和一种文化；而身在其中的讲解员则是沟通博物馆展览与社会大众的桥梁和纽带，作为博物馆的名片、文物的代言人，正逐渐受到社会的关注和喜爱。讲解员的讲解活动是一种综合性的信息沟通活动，讲解活动是有目的的，在讲解活动中，无论是对讲解员还是对观众来说，一场成功的讲解是实现群众教育工作及博物馆教育活动的重要组成部分，也是博物馆对外宣传活动中的重要窗口之一。而担负博物馆文物陈列宣传，把博物馆与观众、社会密切联系起来的纽带就是讲解员了。因此，讲解员能否充分发挥其桥梁作用，是直接关系到博物馆形象和对社会宣传效果的重要因素。所以，高度重视并充分研究博物馆讲解员的桥梁作用，是搞好文博宣教工作的一个重要环节。

一、展览研究成果传递与讲解员的桥梁作用

博物馆陈列展览的最基本的构成要素是版面、史料、文物等，而陈列大纳的制定，史料、文物的确定，都需要业务人员的科学论证、核实和鉴定，然后遵照其客观性、历史性布展，并编写讲解大纲。讲解员根据讲解大纲及展览的顺序，将陈列内容，文物蕴含的内容，通过陈列艺术形式和展示手段的主题表述，以直观、生动、形象等特点直接传递给观众，并运用独具风格的讲解语言传递给观众陈列所不能或无法表述的文化内涵。讲解员讲解水平的高低，关键是讲解词的质量，讲解词质量的高低，关键是讲解词的“常讲常新”，讲解词的常讲常新，关键是对史料、文物的挖掘。所以，一方面需要讲解员自觉学习探讨，另一方面需要专业研究人员的研究成果的充实。

如何做到使研究成果能及时充实到展览内容中去，这是大部分博物馆所欠缺的，当然具有它的种种原因，因此一般来说一个展览的陈列内容、陈列展品是博物馆实现其社会功能的主要体现，但这并不等于展览布置好了，把门一开等着观众参观就可以了。那么讲解员如何在观众和展览之间架起一座桥梁呢?

首先是展览—讲解员—观众。每一个展览都有它重要的现实意义，如何让观众了解、理解、认识到展览的内涵，让文物“说话”：任何通过与观众零距离的交流，缩短博物馆和观众的距离感，让观众在参观的同时能充分认识、体会到博物馆一流的服务，讲解员就是这中间的纽带了。

目前许多博物馆、纪念馆在藏品研究与充实展览方面基本是没有交流和沟通的，许多时候存在着各自为战的状况。承担着藏品研究工作的陈列保管部门因工作性质，有机会在第一时间接触到文物资料，而且能与文物收藏者进行广泛的交流，他们对文物的出处、来龙去脉、文物背后的故事等资料会有深入的了解。因此，馆内的研究部门要定期与讲解员沟通，把展览、文物新情况、新资料、新动态通过整理、创作及时补充到讲解词当中去，这不仅能让讲解内容常讲常新，更能让观众充分地了解到展览的新动态。

其次是观众—讲解员—展览。英国曼彻斯特博物馆主任崔斯·彼斯特曼先生就这样说过：博物馆最值得珍视的资源不是展品，而是观众。这也正迎合了当今社会“以人为本”的服务理念。讲解服务是博物馆中重要的服务和教育方式。一场成功的讲解接待，不仅有讲解员生动、详尽的解说，更要有观众的参与。同样的展览、同样的讲解，每次面对的观众却是不同的，而不同的观众对展览和讲解就会有不同的要求。作为讲解员就要学会收集观众对展览的反映以及他们的兴趣和希望，这是十分必要的，再经过整理、归类后反馈，以便相关部门研究、总结、运用，这样才能提高展览水平，更好地为观众服务。

二、静止无声的文物靠讲解员“代言”传递给观众

一般来说一个展览的陈列内容，陈列展品是博物馆实现其社会功能的主要载体，是讲解员讲解的“代言”对象。在展厅里陈列的每一件文物、每一张照片，都在向人们诉说它们背后曾经有过的那段不平凡的历史。讲解员只

有充分地了解、认识了展览的历史背景，认识了文物的内涵、价值、意义，弄清了历史事件发展的脉络，准确地把握了陈列特点，熟悉陈列内容，才能将展览用通俗、准确、生动的语言介绍给观众，才能让静止的文物，通过讲解员的解说变得鲜活而富有生命力。

讲解工作不同于一般简单的形式宣传，它是知识融会与语言表演艺术的一种内在结合的表象反映。讲解员先通过知识综合和心理鉴别，然后运用语言技巧和不同的表现形式，将文物陈列的内在信息和艺术价值传送给观众，使观众的心灵意识受到影响。然而，讲解一个展览很难满足所有人需要、适应所有人的兴趣。为满足观众的学习能力，讲解员就应学会在相对固定的陈列内容中进行挖掘和研究，要学会根据不同观众的需求，不断丰富讲解形式，即“因人施讲”，产生一种积极向上的动力，达到培养人们高尚的精神情怀和日臻完美的思想意趣，推进人类自身文明发展与进步的目的。

但是，要想通过讲解提高公民的思想道德素质，达到更高的思想境界，毋庸置疑，学习和了解自己国家的历史和传统是必需的，必须植根于本民族的传统文化，只有不断地从本民族的传统文化中汲取营养，才能走得长远。因此，作为博物馆的讲解员应以文物史料为依托，要充分发掘文物展品中蕴涵文化内涵和历史信息，要客观真实地掌握其历史意义和现实作用。通过语言的表述“说”给观众，而观众依靠讲解员的“说”来了解博物馆的展览，让观众了解历史、获得收益，引导他们去探寻深究，以此来提高境界。所以，讲解员的桥梁作用是显而易见的。

在过去人们思想意识单一，宣传方式模式化的年代，讲解员讲解近于机械式的说教，观众在接受教育的过程中完全处于被动状态。观众与讲解员，观众与文物陈列的交流缺乏应有的对接与沟通，没有一种情感融合和平等的关系。所以就需要讲解员一方面自觉学习探讨，另一方面随着社会经济的发展，人们物质、文化生活水平的逐步提高，呆板的说教已无法适应现代人们的需求，必然要求讲解员在讲解过程中要有知识含量和讲解技巧，要求讲解员的讲解要有个性特色。

三、讲解员是博物馆与观众沟通的桥梁

事实上，讲解工作最主要的是讲解过程。而讲解过程实际上就是讲解员

与观众交流情感、传递知识的过程。在讲解中运用语言的交际功能架起沟通的桥梁，建立起讲解员与观众的融洽关系，以此来增强相互间的信赖和友谊。

然而，作为博物馆与观众之间联系的桥梁，讲解员不仅要讲得好，他们的一举一动都直接关系到博物馆的形象和声誉，更应注意个人的修养，讲解员的形象主要通过衣着、言谈、举止等反映出来。统一、协调的着装让人感到端庄；亲切自然的表情让人感到温暖：适当的修饰让讲解员有一种青春的活力，同时使观众有一种被尊重和重视的感觉。如果讲解员衣着不得体，奇装异服会让观众产生一种不庄重的感觉：表情呆板也会让人产生一种距离感：如果浓妆艳抹业会与博物馆高雅、庄重的气氛不协调，严重影响博物馆的形象。所以，恰到好处的着装、得体的修饰、自然大方的表情，不仅能让观众产生亲切感、增加凝聚力，更能让观众有一种信任感，这样讲解就能在轻松、愉快的过程中自然地进行。所以说，讲解员注重外在素质的修养，对增添讲解魅力，辅助讲解技巧，增强艺术感染力是有一定帮助的。

另外，笔者认为还应从五个方面提高讲解员的职业素质：一是讲解员应具有良好的思想品德与职业道德，热爱祖国、热爱博物馆事业、热爱观众的情感品质，因为只有达到这样的条件，才能让讲解员树立起观众至上的理念，全心全意地为观众服务。二是要具有良好的文化素质和知识修养，不仅要掌握丰富的专业知识，更要博览群书。三是应具有良好的公众形象，这样才能给观众留下良好的第一印象，也有利于讲解的持续进行。四是具有良好的嗓音条件和语言表达能力，善于与观众交流，有较强的组织观众的能力。此外，讲解员还应具有良好的性格特征、心理素质和反应能力，能面对不同的观众顺利地完成讲解任务。

每一个博物馆都是一个城市、一个地区、一个民族的历史缩影，当前全国的公益性博物馆、纪念馆都已陆续向公众免费开放了，观众流量大量增加，能否让观众享受到这一免费的精神大餐，各个博物馆除了保证好硬件设施的服务外，能否使观众满意、记住博物馆，讲解员就是实现联系博物馆与社会的桥梁和纽带了。如何让观众走进博物馆，热爱博物馆，如何让观众热爱历史，实现良好的社会效益，是我们今后需要不断努力的目标。

第三章 革命类纪念馆宣教队伍建设的实践与思考

讲解员“厌讲”情绪产生原因探析

讲解员是博物馆纪念馆对外接待服务的窗口，是宣教工作的践行者，是博物馆纪念馆与观众沟通的桥梁和纽带。讲解员的现场讲解是任何现代讲解手段都无法替代的、不可或缺的“以人为本”的服务方式，讲解员在博物馆纪念馆工作目标的实现中发挥着重要的作用。但是，随着讲解工作时间的推移，由于一些主客观因素的影响，讲解员普遍会产生程度不同的“厌讲”情绪，究其原因，笔者认为主要来自以下几个方面。

一、从心理学角度讲，长期重复劳动会使人产生心理疲倦感

刚进入讲解工作领域时，讲解员往往能满腔热情地投入训练科学发声、学习讲解技巧、纠正态势语言、背诵讲解词等岗前技能培训中，并能很快进入工作角色。但随着时间的推移，讲解员每天重复讲解，导致在工作初始阶段，对讲解职业的向往、热情逐渐消退，造成心理上对讲解工作的厌倦情绪。工作过程中出现情绪低落、激情缺乏的现象，表现为一边嘴上流利地说着讲解词，而一边心里却在开小差想着别的事情。从以前的主动讲解变为被动讲解，使讲解工作量由多到少，讲解内容由繁到简，讲解时间由长到短，从而导致学习缺乏动力，工作不思进取，严重影响了讲解员自身的成长与发展。

讲解岗位是固定的，讲解工作是重复的。那么如何减慢、减少心理疲倦感的产生呢？笔者认为应从以下几点加以注意。

首先要打消“疲沓感”。“疲沓感”是长期机械重复一项工作后最普遍产生和存在的现象。一旦产生，不论是对于领导的工作管理，还是工作任务的圆满完成，更是对于讲解员的自身发展都是极为不利的因素。要减慢和减少“疲沓感”的产生，就要在平时注重培养讲解员的责任感和使命感。从心

理学的角度讲，责任和使命最容易让人产生积极性和创造性的动力。因此，对于讲解员的工作成绩要多鼓励、多肯定，让他们充分认识到自己工作的重要性，让他们产生荣誉感，增强自信心，保持工作热情。

其次要避免“大锅烩”。所谓“大锅烩”就是不注重人员的特长、特点，千篇一律地分派工作，这很容易让人感觉是“误人子弟”或不被重视而产生厌烦感，产生厌烦心理。为此，加强对讲解员的学习认知是十分必要的，形成良好的学习氛围。要根据讲解员自身的特长和优势，注重正确引导讲解员的兴趣和需求，结合文化知识和业务知识的学习，重点定向培养，做到各尽所长、人尽其才．提高工作积极性。

最后要杜绝“依赖性”。依赖性一旦产生，就会形成没有活力、缺乏动力的“一潭死水”的局面。因此，要让讲解员认识到讲解工作的主动性，讲解词要“常讲常新”的重要性，就必须要随时提高自己的“配置”，增加自己的“内存”，一定要鼓励支持讲解员根据自身的特长优势和学习成果，学以致用，加强业务实践。甩掉“依赖性”的思想包袱，打破“一潭死水”的局面，轻装上阵，用自己的聪明才智、知识储备和实践能力，致力于讲解工作的最高境界。

二、从业务方面讲，不认真钻研业务知识是讲解员厌讲情绪产生的潜在原因

讲解词是讲解员做好讲解工作的基础，机械地背诵讲解词是一部分讲解员的通病。一部分人讲解员，不是在理解吃透陈列内容和熟悉展品的基础上讲解，而是死记硬背已编写好的讲解词。另外由于讲解员工作的特殊性，经常要接待各级的重要领导、社会知名人士等，客易受到许多的赞扬和肯定，使她们自认为业务水平已经炉火纯青，不需要再学习钻研了，停滞在安于现状、夜郎自大的现状。所以，讲解员能驾轻就熟地掌握讲解词，并不是一成不变的死记硬背，而是在背诵的基础上，针对不同的观众所关注的知识点和热点，深层次地探究，做到因人施讲。

知识是语言的底蕴，语言是表达的手段。讲解词要“常讲常新”，就需要讲解员始终保持积极主动的工作热情，保证饱满的工作状态，虚心学习提

高文化素质，刻苦钻研提高业务能力。在边学边干中自己动手编写讲解词，让他们使出浑身解数充分施展各自的讲解技巧，让他们形成自己独特的讲解风格。只有将知识储备融会贯通和语言技巧的科学运用，才能将展览内容有效地传达给观众，才能吸引观众听的兴趣、看的渴望，才能满足观众的参观欲和求知欲。这样既能使观众在审美的、休闲的、寓教于乐的基础上得到知识的收益，也能使讲解员获得知识的储备和语言功底的加强。让他们体会不断推陈出新的乐趣，让他们感受自身价值体现的成就感。

我们文博界常常呼吁，讲解员要形成自己的讲解风格。扎实的业务知识储备和讲解基本功的学以致用，是讲解风格形成的前提条件。没有深厚的业务知识积累，只凭态势语言或甜蜜迷人的声音和容貌，是不能真正吸引观众的。长期下去，只会给人一种“墙上芦苇，头重脚轻根底浅”之感，造成讲解不具备吸引力，从而导致听讲解的观众寥寥的窘困现象。而在博物馆纪念馆，这类讲解员还是为数不少的。由于不注重知识的积累，从而导致跟着听讲解的观众越来越少，甚至出现只剩讲解员一个人讲的难堪境地。几次下来，讲解员就会由压力感转变为消沉感，出现厌讲情绪。

三、讲解员的工作量大，而受待遇和出路问题的困扰，也是厌讲情绪产生的客观原因

一线讲解员讲解工作量大，有目共睹。适逢重大纪念日、节假日的接待旺季，为了做好观众的接待服务工作，讲解员要服从大局，放弃公休、放弃进修，克服工学矛盾和家庭困难而加班加点，坚守岗位，发挥团结协作精神，互相补台。面对观众人潮涌动、应接不暇，往往是早上未到开馆时间，观众已经聚集在门口，必须提前开馆迎接观众。期间顾不上去卫生间，中午不能按时吃饭。到了闭馆时间，观众依然兴趣盎然流连忘返，我们要耐心等待最后一位观众离开，方能清查文物闭馆下班。讲解员在展厅不仅要做好讲解工作，还要做好观众的咨询和组织疏导，负责展厅的卫生、消防、安全等工作。遇有突发事件，要及时向主管领导和相关部门汇报请求支援，及时疏散观众，控制事态的发展，尽量控制安全隐患的发生来减少损失，保证观众和展馆的安全。一天下来，口干舌燥、声带充血、声音嘶哑、双脚肿痛，讲

解员平均每人每天讲解达十余场。

众所周知，讲解员承担的业务工作范围较广。由于讲解员是博物馆纪念馆宣教工作的主力军，所以，除了担任主陈列展览的讲解工作以外，还担负着特展、临展、巡展、讲解等工作；大型专题活动的观众联络、组织、疏导；组成义务宣讲团深入学校、部队、监狱、企事业单位等，配合学校素质教育、配合公民道德建设进行爱国主义教育的宣讲报告或文艺演出；培训义务讲解员；组织志愿者公益服务活动；开展博物馆之友活动；宣传博物馆纪念馆知识和文物保护法；携带临时展览走出馆门到社区、学校、部队等，进行宣传展示教育活动。另外，还要承担援助学校、部队、机关等单位，举办、协办展览，撰写讲解词，担任讲解工作等。

一线讲解员讲解工作量大，承担的业务工作范围广。然而在职称评定上、工资待遇上，与其他业务人员相比，相对处于一种“边缘化”的尴尬境地。由于讲解员的招聘条件局限在年龄、身高、形象等外在条件，而忽视了学识水平的内在条件，导致在行业内有人认为讲解员有“花瓶”美誉之嫌，是“青春职业”的偏见，这种偏见始终困扰着他们的成长发展。而且在提高讲解员文化素质和业务素质等方面，缺乏政策支持，缺乏创造学习培训的机遇，都是讲解员不安心工作的原因。为此许多讲解员认为讲解工作没有发展，不能干一辈子，不同程度地存在着不重视业务学习和业务能力提高的现象，造成讲解员缺乏专业教育，缺乏学习动力，很难成为现代化博物馆纪念馆所需要的学者型和专家型的人才。存在着以讲解员岗为跳板，迫不及待转入其他部门等现象。因此，在这种思想的影响下，讲解员在讲解过程中，往往会敷衍了事、推诿观众，精力未能全部投入讲解工作中去，而是忙于“跳槽”，谋求其他的发展途径。所以，讲解员“荒”成为一部分博物馆纪念馆的头痛之事，能留下来坚守岗位的讲解员，由于种种原因，能评到高级职称的几乎是凤毛麟角。一些讲解员在讲解岗位上奉献了二十多年青春，却还只是中级职称。职称上不去，工资也就上不去，自然挫伤了讲解员的工作积极性，影响了工作热情。

现代化博物馆纪念馆要求讲解员向学者型和专家型人才发展，要求讲解员要趁年轻的大好时机，加强知识储备，强化业务实践，提高文化素质和业务素质，成为博物馆纪念馆宣教工作持续发展的中坚力量。诚然，年轻的讲解员秀丽端庄，散发着青春的活力；而学者型、专家型讲解员稳重严谨，弥散着知识渊博、气度非凡的风度。两者风格不同，各具魅力。因此，为了激发工作热情，调动工作积极性，让他们学有所用，干有所得，打破原有的分配框框，给予一线倾斜的分配奖励制度。为讲解员提供深造的机会，为她们的进步创造条件。随着事业单位由评聘结合到评聘分开体制的实行，这种状态会得到解决。如平津战役纪念馆最初招聘的15名讲解员，现在副高级职称5名，中级职称8名，有4名走上领导岗位，有3名担任部门正职为副处级。

四、讲解工作缺乏考核奖惩机制，也是挫伤讲解员积极性出现厌讲情绪的一个重要原因

讲解工作是一个随机性很强的工作。为了保证讲解服务质量，为了保证讲解工作量的相对均衡，调动积极性，讲解服务的“质”与“量”需要内部的监督和外部观众调查配合共同完成。实践证明，如果没有讲解工作质的考核，就会出现讲解内容由繁到简，语言平淡，缺乏激情，推诿敷衍观众，讲解质量下降，导致观众观后留言提出批评建议，甚至投诉。如果没有讲解工作量的限定和质量的考核，包括讲解时间、讲解场次、观众评价等，造成讲解场次多，没有奖励，讲解场次少，没有惩罚，导致个别讲解员钻空子耍懒，形成“大锅饭”的局面，挫伤了大家的工作积极性。

以平津战役纪念馆讲解员为例：以前讲解工作质量缺乏定量考核，讲解工作的安排，一般根据讲解员相对固定的展厅顺序或是内部的大序列排列，没有定量标准管理。轮到讲解顺序，有的讲解员会因为临时有事或身体不舒服等借口空过，日积月累，竟会出现比别的讲解员少讲数十场的情况。产生工作量不均衡、出工不出力的现象，影响了部门工作的和谐，造成接待服务质量的下降，这些都是由于奖惩制度的缺失或不健全产生的隐患，导致被投诉者不是虚心接受自查找原因，而是强调客观因素推卸责任，如此工作作风若听之任之，将会影响其他讲解员的工作热情，影响部门的稳定，影响接待服务的质量，严重的将会影响博物馆纪念馆的整体素质和公益形象。

在实际工作中，不能单纯依靠自觉性和责任心来约束讲解员，要实行工作质量与考核奖惩机制挂钩，用制度规范工作行为，用奖惩衡量工作优劣。为了改变以前落后不合理的工作制度，平津战役纪念馆对讲解员实行文明服务示范岗的评比等举措，还有延安革命纪念馆对讲解员实行末位淘汰制等，都是调动讲解员工作积极性很好的例证。因此，应客观地、科学地根据淡旺季的客观接待情况，科学地、公平地核定每天、每月、每季、每年的标准工作量。超出标准工作数量，给予精神或物质奖励，在评选优秀、职称晋升甚至选拔干部时作为重要的参考依据。否则将给予末位淘汰的待岗培训或下岗处理，并扣除一定比例的工资，而且在评选优秀等工作中予以取消资格的处理，用制度管理和考核标准来杜绝工作量的不均衡。为此，加强讲解服务质量的观众跟踪调查评定，成立巡视督察组，客观公正地评价讲解员的工作成效，杜绝讲解缩水、观众投诉等现象的发生。加强爱岗敬业教育，发扬团结协作精神，奖励任劳任怨作风，真正体现奖优罚劣、奖勤罚懒，提高讲解服务质量，保证博物馆纪念馆的整体服务质量。

五、免费开放后，因为观众素质层次差别加大，讲解员工作时得不到应有的尊重和理解，也会产生厌讲情绪

免费开放是保障人民文化权益的一项重要举措，对提高国民素质、培养爱国热情、弘扬民族优秀文化是一件大好事。但免费后，观众层次出现“抄底”的状态，参观的观众形形色色。一些观众是为接受教育、开阔眼界而来；而一些社会闲散观众，只是因人多热闹而来。一时的蜂拥而至，瞬时的人满为患，展厅内人头攒动，秩序混乱。不文明的参观举止，影响了博物馆纪念馆的接待环境和接待秩序，无形地增加了博物馆纪念馆管理、运行、安全、卫生、服务等工作的难度和管理费用。

免费开放后，观众人数成几十倍甚至几百倍的增加，使讲解员的工作量也在成倍翻番的增长，但几乎所有的讲解员对定时免费为零散观众的讲解有畏难情绪。究其原因，由于大部分观众主动迫切要求听讲解，不是真心想了解展览内容，接受学习知识，而是因为讲解是免费的从众心理，抱着不听白不听的心态，因此，在听讲解时，个别观众根本不理会讲解员是如何在尽心尽力地讲解，要么交头接耳置若罔闻；要么大声地接听手机；要么旁若无人地大声喊人；要么自行随便走开、乱扔垃圾等。种种不文明的参观行为，一是对讲解员工作的不理解和不尊重；二是损害了其他观众观展的权益；三是公共秩序和公共环境遭到人为的破坏，使得讲解员与观众在语言和情感的交流中无法产生共鸣，讲解员的桥梁作用“坍塌”。当然也不能免除有些讲解员组织和吸引观众的能力所限，但在一定程度上，讲解激情和讲解活力的迸发是由讲解氛围、情境促成的，如此的讲解情境只会挫伤讲解员的工作热情，产生自卑心理。随着时间的周而复始，工作的循规蹈矩，导致讲解工作不能推陈出新，进而产生厌讲情绪。

总之，讲解员“厌讲”情绪的产生，既有讲解员自身的主观因素影响，也有机制和体制方面的客观因素羁绊。讲解员的讲解作为引导观众参观的重要手段，要想时刻抓住观众，就要揣摩观众的心理，吸引观众的眼球，调动观众的兴趣，以满足观众的需求。合格的讲解员需要对工作的高度热情，需要对知识的不断积累，需要对业务的精深钻研，需要综合能力的提高。

免费开放后，博物馆纪念馆的讲解工作将会面临许多新形势和新课题，社会对讲解员的要求在不断地提高，对博物馆纪念馆整体接待服务水平的要求在不断地提高。文博界如何长期保持一支爱岗敬业、业务精湛、服务优良的讲解队伍，做到免费后整体接待服务质量不降低，是博物馆纪念馆宣教工作今后一项长期研究的课题。

影响讲解员队伍发展与稳定的几点因素

随着社会的发展和文明的进步，博物馆能够在整个社会范围内为不同时代、不同文化和不同的观众架起沟通的桥梁，使得博物馆社会教育机构的功能凸显。伴随着社会经济的发展和博物馆管理体系的不断完善，我国的博物馆事业得以迅猛发展，全国各地各种类型的博物馆、纪念馆不断涌现。尤其在党的十八大以来，为深入贯彻习近平总书记系列重要讲话精神，以及新颁布实施的《博物馆条例》，更为博物馆、纪念馆的发展创造契机注入活力，博物馆事业进入了快速发展期。

习近平总书记提出："讲好中国故事，传播好中国声音。"从世界领域来看，每个国家和民族的历史传统、文化积淀、基本国情不同，其发展道路必然有着自己的特色。新中国成立以来，我们党领导人民成功开创和拓展了中国特色在社会主义道路，中国特色社会主义道路植根于中华文化沃土、反映中国人民意愿、适应中国和时代发展进步要求，有着深厚历史渊源和广泛现实基础。我们现在有底气、也有必要讲好中国故事[1]。

近年来博物馆从对"物"的关注，转向了对"人"乃至社会的关注。对于承担着社会教育功能的博物馆、纪念馆来说，可以为我们亘古至今的传统文化和现代文化，搭建收藏、研究、展示、教育、传播、发展的平台[2]。讲好中国故事不容易，如何讲、谁来讲也很重要。毋庸置疑，一支政治过硬、业务精湛、品德高尚的宣教的队伍是博物馆、纪念馆宣传教育工作的支撑。如今这支队伍的稳定、接待服务水平的高低已经受到某些因素的遏制，如何来缓解和解决这一突出问题，是我们目前的重要工作之一。

一、讲解员岗编制的因素

近几十年来，随着社会文化的多元化发展，在保持博物馆、纪念馆数量快速增长的同时，出现了不同体制的行业博物馆、私人博物馆等，其管理体制、运行机制、人事制度等方面也随之在发生不同的变化。由于国家严格控制精简机构，杜绝人浮于事，事业单位必须进行机构改革，于是有些岗位及岗位人员就要被合并或砍掉。当然行业博物馆、私人博物馆的机构和编制，不在国家宏观调控范围之内，而国有博物馆、纪念馆都是事业单位编制，在国家的调控范围之内。

针对国有博物馆、纪念馆为了保证行政管理、文物保管、展陈设计、信息研究、业务开发等部门专职业务人员的编制，按照上级部门的统一部署，只能忍痛割爱，采用讲解员社会化用工的聘用制度。首都博物馆宣教部主任黄琛说："在前三十年，不管你是工人身份，还是干部身份，所有的宣教人员都是正式在编人员，但近十几年来，讲解员只有一部分是正式在编，其余都是社会化用工。"确实博物馆、纪念馆是国家的公共文化教育服务场所，而我们的工作人员就是公共文化教育服务人员，而且我们的讲解服务是博物馆社会教育的重要业务内容之一。讲解员没有一个稳定的岗位归属，时常抱有一种"骑马找马"的想法，我们的宣教事业前景堪忧。

近些年来，事业单位用人与国家公务员一样，一直坚持"逢进必考"的原则，博物馆、纪念馆招聘的初始学历提至研究生，聘用人员构成不包括讲解员。如今在文博单位对于一名讲解员来讲，在不在编制，是一个很尴尬的分水岭。没有编制，就意味着讲解员在职称评定和升职时都受到影响，并难以获得与正式在编人员完全相同的待遇，没有工作的积极性，没有追求的人生目标。

从目前的讲解员队伍来看，绝大多数的博物馆、纪念馆现有的专职讲解员队伍，其中一小部分属于有编制的正式员工，其余为聘用人员。因为事业单位用人"逢进必考"，所以普遍存在缺编的问题，其中讲解员岗是缺编"重灾区"。为此博物馆为了保证宣教工作的顺利开展，必须请示上级批准自行"招兵买马"，这就是大部分在岗讲解员没有编制的根本原因。

二、讲解员离职的因素

如何进一步提升博物馆、纪念馆的办馆质量，如何利用其有效资源发挥功能，以日益成为当今博物馆面临的重要课题。讲解员的讲解是集知识和语言的综合艺术，以陈列为基础，运用科学的语言表述方法和其他的辅助表达方式，与观众、社会交流沟通，讲解员在博物馆、纪念馆的社会教育事业中承担着重要的角色。

（一）同工不同酬

讲解员离职的主要原因之一是不正式在编制、薪酬待遇低。待遇的高低是所有讲解员岗位的年轻人必须要考虑的实际问题。

另外，非在编人员的工资构成与在编人员的工资构成差别很大，而且适逢国家一些政策性调资范围的机遇，非在编人员根本不在享受政策范围之内，可以说没有任何升迁、调薪机会。同样的岗位，劳动强度相同，然而所得酬劳低。日积月累，面子过不去、心态的失衡、进取心受到打击，削弱了工作积极性，最终导致离职。

（二）发展前景渺茫

博物馆、纪念馆作为一座城市、一个地区的文化风尚标志，为了保证社会教育工作的接待服务质量和水平，本着宁缺毋滥的原则，不能轻易降低招聘条件和日常的严格规范管理。因为一名讲解员所承担的工作职责和工作任务，是需要对其进行岗位的专业培训合格之后，具备了一定的综合能力后，方能上岗。一名新入职的讲解员，大约需要进行为期2至3个月的专业封闭培训，有的甚至半年。培养一名优秀的讲解员，则需要8至10年的时间，需要一个系统的、长期的培训实践过程。所以管理者应改变“讲解职业是青春职业”的思维模式。

根据以往的工作经验分析，求职者在对岗位及自身有了更加清晰的认识后，他们自愿应聘。经过笔试、面试的过关斩将，我们得到了符合从业要求的讲解员人选。他们在新入职之后，也是本着“一颗红心，两手准备”的原则，一旦有合适更优的机遇，立即跳槽。这对于我们来说，是一种资源的浪费，而对于讲解员来说，是能力的锻炼和经验的积累。

（三）主客观因素的影响

讲解员队伍的不稳定，究其原因，不仅出在“新人”的离职，还在于“老人”的转岗问题。许多很优秀的讲解员因为结婚生子、体形走样；还有就是年龄大了，自我感觉不适合讲解工作，主观上主动要求也好、客观上被动转岗也罢，陆续离开了讲解员队伍。正式在编人员进入了其他部门，或走上领导岗位，不在编人员则中止合同另谋职业，这势必造成了讲解员队伍必须不断补充新人的局面。

（四）脑力与体力的“集合”

1. 脑力繁重

讲解员的讲解工作是脑力劳动与体力劳动的“集合”。作为一名讲解员，不仅要熟悉背诵一套讲词，摸清家底、了解文物背后的故事资料，还需要学习各种相关的辅助知识，及时补充丰富讲词，做到常讲常新，这些都需要花费一定的时间和精力来完成“脑力劳动”。

依据博物馆等级评定的标准要求，博物馆在做好基本陈列的同时，一般每年要自办、引进至少不低于6个临时展览。但每个馆的情况不同，有时达8～12个，甚至还要多。临时展览由于主题内容不断更新、展期短，具有一定的前瞻性、艺术鉴赏性、时效性等特点，弥补了基本展览内容长期不变的不足。博物馆推出社会大众喜闻乐见、关注焦点的临时展览，要求讲解员必须及时背诵新讲词，需要在规定的时间内，背诵讲词、审核合格后，方能上岗讲解。有时提前三天出讲解词，有时提前一天才能定稿。为了不影响开幕式的接待讲解工作，废寝忘食、通宵达旦都是他们的亲身体验。思想压力大，身体负荷高。

除此之外，专业素养需要不断学习、不断实践的支撑，很多博物馆还要求讲解员能够自主撰写讲解词、宣讲稿、创新宣讲形式等，这就要求讲解员要具备较高的专业素养。在他们能够承担工作或独当一面时，却因某些原因转岗、离职，人才流失确实非常惋惜。

2. 体力消耗大

讲解员的讲解工作并不轻松，我们必须承认它是一项“体力活”。一般的博物馆、纪念馆正常情况下讲解时间在30分钟到一个小时；但有的除了场馆之外，还有等比例的复原景观、遗址纪念地等参观讲解内容，这样讲一场下来需要1～2个小时，甚至2个小时以上。针对博物馆本身来讲，没有一定数量的讲解员，根本无法维持一个馆接待服务工作的正常运行。所以一般场馆至少有不低于10名讲解员，有的达20至30名。如西柏坡纪念馆、延安革命纪念馆、红岩革命纪念馆等。

适逢节假日等旺季，博物馆、纪念馆的观众量与平时相比骤增，讲解员的身体、嗓子都要经受考验。况且讲解员的工作性质要求穿高跟鞋，现在多数年轻人以轻松舒适为主，平底鞋、旅游鞋居多，让她们穿上高跟鞋，一站一走就是一个小时，甚至还要多。有时一场紧跟一场，顾不上喝水、顾不上吃午饭，上午、下午连续几场下来，咽干气短、腰酸背痛、脚趾、脚跟磨泡肿痛是家常便饭，时间久了，就形成老茧，穿鞋磨脚还苦不堪言，咽炎是他们这个群体的职业病。

三、改变现状的对策

（一）模糊界限

国有博物馆、纪念馆由于受客观因素的影响，讲解员现实的身份差异，无形中为应聘者划定了尴尬的界限，他们难以获得与在编人员完全相同的待遇和发展空间。即便如此，为了让更多的新人能安心工作，不少博物馆正在发挥主观能动性，想办法、找对策。目前正在升级人事代理制度，努力为聘用的讲解员提供与在编人员看齐的工资待遇，并且从制度上杜绝随意解聘无过错人员，并采取通过多渠道的激励和表彰措施，让讲解员获得归属感和荣誉感。

（二）缩小收入差距

如今博物馆的宣教队伍所面临的状态，犹如“铁打的营盘，流水的兵”。面对讲解员人员流动性较大的客观情况，很多国有博物馆采取了相应的措施。努力争取社会化聘用制讲解员，依照事业单位工资标准，实行同工同酬或尽量缩小收入差距，以稳定军心，保证用人留人的措施可行。

改善讲解员的工资待遇，仅靠博物馆自身的财力现状，可以说是相形见绌，难以得到解决的。因为其本身的运行管理费用就受到财力紧张的掣肘，自身的消化不良，更是雪上加霜，所以必须得到上级的支持或借助社会企业的赞助。我看到有观点提出“或许可以探索利用与企业、社会的合作，引入社会资本，提高讲解员的待遇。借用社会力量参与文化建设是现代公共文化服务体系建设的发展趋势之一。”所以若有可能，我们不妨多条腿走路，借助社会赞助的力量。

（三）发展志愿者队伍

积极发展充实志愿讲解员队伍，而这些志愿者中不乏一些退休的教授、学者，还有社会实践占大多数的大学生志愿讲解员，还有利用寒暑期和双休日的中小学生和在职各行各业的志愿讲解员。此外，借助新科技、新设备，增置数字化多媒体影像设备，开辟动手动脑的互动园区，各大博物馆都在积极提升和改善自助式讲解服务水平和体验功能。

（四）政策性引领

“博物馆讲解是一项重要而有前途的工作……”[3]讲解员队伍发展的不稳定，已经得到不少文博界前辈的关注，他们目睹了这种现状对博物馆宣教事业发展的掣肘。虽然他们已经退居幕后，但看到如此现状，他们非常焦虑。为了实现“文化自信”，为更好地发挥博物馆社会教育功能，讲解员的作用功不可没。他们以文博工作者的名义，发挥老骥伏枥的精神，正在为新一代讲解员薪火相传的发展现状，向相关的上级部门和领导奔走呼吁。在此要衷心感谢齐吉祥老师、黄琛主任、阎宏斌主任等对这个问题的倡导和见解。

总之，由于博物馆社会教育功能的凸显，要发展博物馆事业，就要充分发挥博物馆公共文化服务场所的功能，就一定要稳定公共文化服务人员队伍的“军心”，因为他们是文化大发展、大繁荣的“推动者”，他们是讲好中国故事，传播好中国声音的“宣传者”“传播者”的主力军。所以针对博物馆来讲，讲解人才的培养和管理最关键，这就要求我们向社会广泛吸贤纳士，要留住人、用好人，共同努力争取促成讲解员的“青春职业”转向“终身职业”的利好大事，为他们的成长发展创造机遇、搭建平台，发展队伍、稳定“军心”，打造一支有学习意识、创新意识、超前发展意识和引领时代发展意识的讲解员队伍。

参考文献：

[1]张峰. 跟习近平总书记学讲中国故事. 人民网人们论坛，2015年9月15日。

[2]张春月. 我国教育物博物馆的发展概况及其对中国民办教育博物馆建设的启示. 黄

河科技学大学报，2013，15（5）.

[3]秦毅，赵建兰. 博物馆讲解员：老行当如何有新发展. 中国文化报，2013-09-20.

浅析“晨练”的功用

在博物馆、纪念馆的各项工作活动中，讲解员的讲解工作是不可或缺的重要组成部分，它既是一门语言的艺术，也是博物馆、纪念馆宣教工作的中心环节，更是实现博物馆、纪念馆社会教育职能的重要手段。讲解员是博物馆、纪念馆展览的“代言人”，是联结博物馆、纪念馆与观众的桥梁纽带，讲解员接待服务水平的高低，直接影响着博物馆、纪念馆的整体接待服务水平。

讲解员是一个极富挑战性的职业，它既具有讲解语言发音的科学性，又具有讲解语言表现的艺术性，还离不开形体态势语言的辅助表现性，是一项极其严肃而认真的宣传教育工作。所以，作为一名讲解员，必须具备娴熟的业务基本功。即普通话水平，讲解艺术的专业化功底，讲解知识的融会贯通和博览群书所积累的广博知识等。如果你没有圆润洪亮的嗓音，没有亭亭玉立、端庄稳健的挺拔身姿，没有良好的仪容仪表，没有与观众沟通交流的亲和力气质，没有引人入胜独特的讲解风格，那么你就是一名平庸的、甚至不合格的讲解员。

平津战役纪念馆于1997年7月23日开馆，开馆前讲解员的录用实行社会公开招聘，经过严格的笔试、面试，在众多的报名者中选出15名佼佼者。由于他们大部分是刚出校门的学生，或者是刚进入社会参加工作的新人，从未受过相关的专业训练，在语音、形体、讲解知识和讲解风格等业务方面，都缺乏科学化、专业化、系统化、规范化的基本训练和精雕细琢。为此，设计了讲解员队伍的业务培训课程，聘请有关的专家老师，分别在发声、形体和讲解词等方面，对讲解员进行专门的业务培训和指导。

俗话说：“师傅领进门，修行在个人。”专家老师认真耐心地教，学员们虚心勤奋地学，再加上当代青年人自信勤奋，自我表现力强，聪慧好学、悟性高等优势特点，她们能迅速进入角色，圆满完成了开馆的重大接待讲解任务。随着讲解工作的不断持续进行，由于每个人的嗓音、形象、气质、普通话水平等先天条件各有千秋，每一位讲解员的讲解都形成了各自的讲解风格和特点。

由于她们自身条件和掌握业务技能上都存在着这样或那样的缺陷和不足，因此，为了巩固和夯实现有的业务基础，使她们在讲解的道路上能够取得更大的业务发展，提高讲解员的业务基本功，针对存在的声带疲劳、吐字发音含糊等缺陷和不足，经过馆领导的批准，积极吸取其他省市文博兄弟单位的成功经验，抢抓利用班前一刻钟的时间，开展专项的业务“晨练”工作。在专家老师的指导下，在讲解员们主动密切配合下，我们尝试参考播音员和主持人等训练教材，博采众家之长，系统地编制了晨练教材，使其能够达到科学化、规范化、系统化的训练目的，提高讲解员的业务基本功。

晨练是指人们在早晨起床后的身体锻炼活动，是人的大脑从苏醒到清醒的转变阶段，是人的身体机能经过一夜睡眠后，身体从不舒展到舒展舒服的调节过程。俗话说：“一年之计在于春，一天之计在与晨。”早晨是人们一天工作、学习、生活及其他活动的开端，身体和情绪的好坏，将会影响一整天的心情。而作为特殊职业的群体，晨练是非常重要的业务基本功训练时间。如：戏曲和歌唱演员要吊嗓练声，说唱演员要练嘴皮子功夫，舞蹈演员要练形体等，都是为了一天的各种活动做准备。所以，为了不影响开馆接待服务工作，我们合理利用班前一刻钟的时间进行晨练工作。

一、形体训练

练声前需要让身体充分活动开，达到精力充沛，嗓子比较好调理。形体训练的作用，其一是将身体充分活动开的热身运动，使人处于准兴奋状态，才能站姿不呆板、僵硬。其二也是主要的目的，训练站姿的形体仪态，平时养成良好的习惯。

首先，练站姿。脚跟并拢，抬头挺胸，身体要稍前倾，深呼吸。其次，扩胸、伸展、体侧运动。然后，依次进行头部的米字运动，肩部上下提拉、耸肩、前后旋转运动，腰部的左右旋转和下腰运动，腿部的屈腿和下蹲运动，脚部踮脚尖和左右旋转运动。经过训练，她们仪容仪表文雅端庄、站姿挺拔。作为军事类纪念馆的讲解员，穿上军装更显英姿勃发，那是一道靓丽的风景线。所以，平时的身体形体训练是非常必要的。

二、面部口腔部训练

口部训练的作用是活动面部肌肉，将面部肌肉充分放松活动，靠嘴唇的前撅平咧、上下唇包齿运动、唇部打嘟噜、上下左右运动，还有使劲张大嘴、瞪大眼睛向上看。活动舌部，要张开嘴，舌头在口腔内左右旋转，再做打开软腭的动作。活动声带，要发气泡音。所以必要口部运动是绝不能忽略不计的，可以为下一步训练项目做准备，是不可或缺的步骤。

三、气息训练

练声的程序是先练气后发声，先弱声后强声。练声的强化程度必须是循序渐进的，每次练声的时间不宜过长，也不能急于求成。但是，训练逐渐强化的程度，是要通过一定的训练量来保证的。要坚持训练到具备一定熟练程度之后，才能由慢到快，并逐渐加快，进入综合训练阶段。

气息练习的主要内容是绕口令。绕口令可以促进思维敏捷、头脑反应灵活。之前加强唇部的训练，训练你的口齿伶俐、吐字清晰，训练延长一口气说话的时间。一口气发声能够保持的时间长度，是检验气息控制能力强弱的重要方法之一。气息不在于控制，而关键在于控制调节，要学会补气，也就是常说的偷气，要学会气息的灵活调节，才能掌握用气自如。当然语气的色彩变化，语调的抑扬顿挫都离不开灵活调节的气息。对于用气发声训练与语言表达训练的过渡和衔接，气息的调节具有关键性的作用。

气息是发声的动力，许多发声上出现的问题，都与气息使用调节不当有关。通过气息训练，使用气息不当导致的体力不支、声嘶力竭，说话的强度和力度不够，声带容易疲劳、声带出血的情况都会得到缓解。所以，坚持练声学会使用正确的用气方法，将会收到良好的保护声带效果，贵在坚持。

四、朗读训练

在结束形体、口部、气息等训练之后，进行综合朗读训练，这也是“晨练”的实质性阶段。在进行朗读纯技术性训练中，如果朗读材料没有具体感情内容，为了保证声音与感情不脱节，在要求嗓音清澈洪亮的同时，朗读者应该保持愉悦的心情，排除杂念，学会控制自己的情绪。当你心情舒畅时，发出的声音柔和甜美，吐字发音比较流畅自如。反之，你所发出声音则是冷冰冰、硬邦邦情绪化的体现。发音受阻，导致词不达意，语句不连贯。尤其在专题朗读训练时，要有灵活驾驿自己情感世界的能力，要倾注你的全部感情，赋予你对作品的感情理解，充分运用你语言发声的技能，发挥出巨大的感染力，使听众与你产生情感共鸣，那将是一种美德享受。

经过发声训练后，不仅语言发声能力可以大大增强，而且能够美化声音音质，丰富声音的表现力。语言的发生以生活口语为基础，又经过了一定的艺术加工，是一种源于生活而又高于生活的发声状态。如果希望自己保持已经获得的发生技巧能力，使声音经常处于轻松自如的良好状态，那么持之以恒的发生训练是必不可少的。

要做一名合格的讲解员，掌握一定的语音、语言技技巧，是其最基本的要素之一。因为，每个人嗓音条件是先天形成的，是不以人的意志为转移的。先天条件固然重要，但是，后天的学习训练必不可少。有的人先天条件虽优越，但是，未经过专业训练或者不勤奋学习完善提高，也就是徒有一副好嗓子。有的人先天条件一般，但是，肯于吃苦钻研训练，掌握正确的、科学的训练方法，可以使声音得到一定程度的改善和美化。因此，后天的勤奋努力也是功不可没的。当然，如果发声、用声不科学，不仅会限制语言的表现力，而且还会影响声带的使用寿命，甚至造成喉部疾患。如果掌握了科学的发声方法，就能够有效地保持声带的青春活力。

“只要功夫深，铁杵也能磨成针”。语言的发声训练，不仅要多听多说，还需要反复练习，否则，在语言表达感情的过程中，就很难做到运用自如。经过循序渐进、持之以恒的发声训练后，你将可以体验到，不但你说话用气自如、抑扬顿挫，而且能够掌握和控制美化声音，丰富声音表现力的感受。所以，朗读者通过对语音、原因技巧的灵活应用，可以将感情融入朗读作品中，使其达到一个完美的升华。

二十三年的工作实践证明，“晨练”的功效是显而易见的，我们的讲解员队伍整体水平不断提高。在2000年首次参加天津市第三届讲解员比赛中，我们选拔两名选手，双双获得三等奖的好成绩，为讲解员走出去参加全国性的业务比赛奠定了良好的基础。在2001年首次参加全国革命“延安杯”讲解员邀请大赛中，以我馆为主力阵容代表天津市参赛，获得团体第三名的好成绩，派出的三名讲解员均获得优秀奖。当然获奖不是参赛的唯一目的，重在参与锻炼。比赛为讲解员提供了相互学习交流和提高的好机会，可以帮助讲解员拓宽视野，搜集纵向、横向先进的观点和知识信息，接受新生事物，客观公正地看到自己的成绩与不足，继续发奋努力学习，蓄势待发。

总之，“晨练”是一项长期的、持之以恒的重要业务训练工作。虽然它的训练时间有限，但是，它需要集长期性、科学性、知识性、专业性和趣味性于一体，方能显示其卓越的功效，是不容忽视和不可或缺的业务训练工作内容。对于讲解员来说，外在的形象只有以丰富扎实的内在修养做后盾，才更具有魅力。以上是自己在实际工作中的一点粗浅工作实践体会，有不妥之处，敬请见谅。

第四章 革命类纪念馆接待服务的实践与思考

浅谈如何发挥纪念馆售票处的“窗口”作用

辞海中对“窗”的解释为：指设在房屋、车船等顶上或壁上，用以透光、通风的口子。在我们日常生活当中，将凡具有此功能者，均笼统称为“窗户、窗子”。随着社会生产活动的日益频繁，人们又将一些处在内外联结部位的机构、部门等，引申为某某窗口，如售票“窗口”、购物“窗口”等，旨在突出这些部门的纽带和桥梁作用。

博物馆的售票处是出售门票的场所，是每一位参观者参观活动的起点和必经之路。售票处的服务质量、接待服务水平，是参观者了解博物馆整体服务水平的第一视角，它的功能、作用发挥的好坏，直接关系到参观者的情绪和对博物馆的感情。如今已经实行免费开放，售票处的职能随着文博事业的发展已经有所调整。因此，售票处的“窗口”虽小，但其作用和地位不容忽视。

一、售票处“窗口”的基本功能

通常情况下，售票处承担着出售参观门票、解答观众咨询（包括票价、博物馆坐落的位置、通达到馆的交通路线、展览概况等）、介绍参观注意事项、指示参观路线、出售展览宣传资料、联系安排讲解、搜集观众反馈意见，遇有紧急情况或有重要人员、团体来馆时，及时通报有关部门，做好应急措施和准备工作等。总之，随着文博事业的发展，售票处已经改为游客服务中心。所以，售票处是博物馆的“消息树”和前沿阵地，是联结观众与博物馆的纽带。

二、售票处“窗口”是博物馆的重要组成部分之一

售票处是观众参观博物馆的“第一站”，是观众与博物馆沟通的窗口。

首先，它是博物馆对外业务工作的一部分。博物馆作为向社会开放的非营利性的独立机构，“照章购票，入馆参观”是依据国情而定的客观事实，任何个人和团体只有购买门票，才能获得博物馆和纪念馆基本陈列的参观权，这就决定了售票处在博物馆诸机构中，具有举足轻重的地位。一方面，它掌握着博物馆的经济收入命脉，其工作关系着博物馆的经济效益；另一方面，它是博物馆整个接待服务工作中的重要环节，可以直接调控观众的参观量，保证参观秩序。因此，它是博物馆业务工作不可缺少的一部分。

其次，它是博物馆陈列宣传工作的一个组成部分。博物馆要摆脱“皇帝女儿不愁嫁”的旧观念，必须敢于宣传自己，积极推销自己，增强自我宣传的力度，以提高自己的知名度。

售票处可以说是博物馆陈列宣传的喉舌。负责预约联系和参观的观众到博物馆来，所到达的第一站就是售票处，所接触的首批工作人员就是售票处的工作人员，他们的工作除基本职能之外，对于博物馆的基本陈列和推出、引进临时展览，具有宣传和推广的职责，包括介绍展览概况、发放宣传资料，与旅行社、参观单位主动联系，送资料到学校、军队、企事业单位等。此外还包括回答外地的观众咨询，介绍周围兄弟馆和购物、娱乐活动场所的情况及通达的路线。总之，售票处可以成为博物馆发挥社会效益，实现博物馆陈列宣传职能的一个重要阵地。

三、售票处是博物馆整体形象的缩影

博物馆要展示其社会存在的价值，要得到深受观众的欢迎，就必须像企业创名牌一样，迫切需要树立自己良好的社会形象，这是当今博物馆发展的客观要求，也是社会发展的必然趋势。售票处作为参观者接触了解博物馆的第一视角，工作人员的言谈举止、服务态度、业务熟练程度等，都会给观众留下“先入为主”的持久印象，成为人们衡量博物馆整体素质、服务质量和管理水平的一把尺子。人们往往透过售票处这一小小的“窗口”，便可以窥见博物馆运行管理工作的全貌。因此，它的服务水关系到博物馆的整体形象，实在是大意不得，马虎不得。

四、后疫情时期对售票处职能的新要求

2019年底一场新冠肺炎疫情爆发，“在这场覆盖所有领域的席卷全球的危机中，博物馆不可能独善其身。要找到其短期和中期的影响，并研究其长远影响，找到博物馆自己的方案。不仅是非国有博物馆，国有博物馆也是如此”。为此，在我国疫情得到一定控制之后，天津文博单位于2020年3月下旬陆续向社会开放。为了避免观众密集聚集情况，防止疫情传染情况的发生，售票处的工作职能就是积极利用互联网，开发网上预约功能。为观众推介预约须知、参观注意事项以及参观展览内容、热情介绍智能讲解服务项目和功能等线上线下服务工作。

五、售票处对工作人员的要求

要想获得社会效益和经济效益，必须努力提高工作人员的整体素质。工作人员是博物馆的主体，博物馆的形象是靠工作人员的努力工作来实现的，工作人员的形象是由其职业道德、业务水平和工作态度等方面综合构成的。

首先，职业道德要求售票处的工作人员热爱党、热爱社会主义，牢记全心全意为人民服务的思想，对待观众像对待自己的亲人一样，对待工作要有高度的事业心和责任感，坚持“热情、耐心、周到、满意”的八字方针，以高度的工作热情和良好的职业道德，做好观众接待服务工作。

其次，业务水平要求售票处的工作人员做好每天的售票工作，做到票款相符。做好观众的预约登记和参观人数预报的工作，协调组织观众参观秩序，做好观众人数的统计工作，协助做好观众开发的组织工作，虚心听取观众提出的意见，及时向有关部门反馈，向领导汇报，充分发挥“消息树”的功能。工作人要博览群书，具有一定的专业文化素质，尽可能掌握广博的知识，为观众答疑释问，同时热爱本职工作，努力钻研业务，挖掘和拓宽售票处的其他功能。

最后，工作态度要求售票处的工作人员以大方得体的仪风仪表面对观众，按时到岗，保证准时售票，耐心解答观众提出的问题，具有一定的语言交流技巧和语言表达能力、组织能力，做到诲人不倦、百问不厌，最大限度

地满足观众的需求，避免冲突，化解矛盾，具备灵活的应变能力。

在售票处所接触的是不同层次的观众，其中：

（1）由于我馆的特点，接待老同志是我们工作的重点，为什么？因为这些老同志当年亲身经历了血与火的洗礼，为党、为祖国立下了汗马功劳。如今来到纪念馆追溯当年战火纷飞的场面，看望当年并肩作战的战友，缅怀牺牲的烈士，教育子孙后代珍惜今天的幸福生活来之不易。所以接待这些特殊的观众我们需要非常谨小慎微，查看证件，及时与有关部门联系，做好接待服务工作。让老同志们感情得到慰藉，满意而归，并留下联系方式，建立了深厚的友谊。然而也有极少数的老同志，对于我们的例行工作不理解，说一些与他们身份不相称的话语。对此我们一如既往耐心解释、热情服务，取得他们的理解。

（2）对于外地的观众，他们不仅是博物馆的观众，还是我们城市的客人。因此，接待服务质量的好坏，不仅关系到博物馆的声誉，还关系到我们城市的声誉。这对宣传和推广博物馆的知名度和美誉度具有举足轻重的意义。

以秦皇岛市一中组织教师参观我馆为例。在开馆初期，观众参观极其踊跃，由于馆内单位时间观众的容量是有限的，导致观众参观预约至十二月份，因此对于远道而来联系参观的观众，经过多次联系、调整，使他们如愿以偿。在参观之际，他们送来了“教育基地、千里情深”的锦旗，以表达对我们工作的肯定。这里包涵着社会各界关心、支持和理解的回报，慢慢聚集起来将会创造出一个巨大的、潜在的博物馆观众群体。这样不仅会带来巨大的社会效益，也会带来一定的经济效益，进一步推动博物馆事业的发展。

（3）在未实行免费开放时期，对于售票处门前，总有一些不情愿掏钱买票的观众，他们的观点是，对于革命历史类纪念馆，应向市民免费开放，并搬出西方国家博物馆免费参观的佐证。即使是收费，也应该是象征性的低价收费。所以，作为售票处的工作人员就要做耐心地做好解释工作。每个国家的国情不同，博物馆毕竟是公益性机构，票价的高低是否物有所值，关键是票价与陈列展览的丰富与水平是否相称。

（4）售票处工作接待的人广而杂，观众会提出各种各样的问题。诸如：纪念馆为何不晚间开放？天津解放的确切时间；当时天津解放升起的第一面红旗保存在哪儿？广场上摆设的坦克和大炮是否为当年战争使用过的？有些观众会保存一些资料、捐赠烈士的遗物，查烈士姓名等。这些都要通过售票处这个“窗口”，来传递博物馆的信息和反馈观众的意见。

在习近平新时代中国特色社会主义思想指引下，我们深刻领悟到，博物馆纪念馆教育是进行爱国主义教育、培育和践行社会主义核心价值观不可缺少的重要组成部分，应当继承和弘扬中国优秀传统文化、革命文化和社会主义先进文化，来提高人民群众的文化品位，满足人民群众精神文化需求。博物馆纪念馆发挥社会教育服务功能，讲求文明待客、创一流接待水平是社会发展的必然要求。观众是博物馆的上帝，博物馆的服务不能让观众满意，就会缺乏生命力。所以，博物馆应紧随社会发展的步伐，及时搜集和采纳社会各界反馈的可行性建议，从而使博物馆工作适应观众的需求。而随着改革开放的深入，文旅的融合发展进一步推进，增强了博物馆在文化市场上与其他文化服务行业的竞争力，在博物馆服务于社会需求和适应于文化市场竞争的转变时刻，依然需要高度重视售票处的“窗口”作用。

纪念馆旺季接待的应对策略

作为服务性文化场所的博物馆、纪念馆，因季节、国家中心工作、假期时间不同等原因，在接待难度、强度上存在着很大的差异，这也就是我们常说的淡、旺季之分。所谓旺季是相对于淡季而言，它是指在黄金周、节假日、重大纪念日、政府行为活动等期间内的有计划、有组织的大规模集体参观活动。它具有时限性、突发性、时效性等特点，具体表现为任务明确、短期行为、观众骤增。为此，博物馆和纪念馆要在保证安全有序的情况下，最大限度地挖掘、拓展接待服务能力，保证高质量、高水平地完成接待服务任务。

平津战役纪念馆已步入第22个年头，它经历了开馆初期的接待盛况、特定免费接待日、国家纪念日、黄金周等旺季接待，积累了宝贵的经验。现将平津馆馆旺季接待所采取的应对策略，向大家做一介绍，希望能对其他馆有所启发。

一、成立临时接待领导小组，做好总调度协调工作

根据平津馆特点，我们统筹协调，理顺关系，落实接待方案，简化请示程序，保证工作的高效率。总调度应提前一天根据观众预约情况进行统筹安排。通知、督促各部门，组织安排足够数量的业务精、责任心强的保卫协勤人员、售票人员、咨询人员、检票人员、讲解人员、疏导人员；检查展馆用水、用电设施设备的良好运行保证售票处参观券的预留量，备用金的预留量；确保展厅检票工具、广播系统和扩音设备的完好；协调为来馆组织活动的单位，安排提供场地、党旗、团旗、誓词、租借花篮、音响等事宜；检查为弱势参观群体提供的急救药箱、轮椅、饮水等各种方便服务事宜。

二、售票处应做好预约、售票、咨询工作

售票处是观众接触博物馆和纪念馆的第一站，高效有序地做好团体预订、现场售票、接待咨询，是体现博物馆和纪念馆接待服务水平的重要环节。在接待旺季，售票处必须打破以往按部就班的工作流程，以便捷、简化的服务方式和手段，减少观众的等候时间，避免发生拥堵现象，造成安全隐患。

1. 应做好各类观众的预约、登记、统计工作

根据本馆每天单位时间内的最大容纳量和最大接待能力，高效合理地安排参观时间、场次，调节参观流量，并预留出一定的场次给未预约的观众。观众预约单应提前一天或几天抄报给相关的领导和部门，妥善计划安排好各部门接待工作预案。对未成年人、老年人、外宾、残疾人等符殊参观群体的接待，要详细标注。针对大宗团体的专题适动，应通知有关部门向馆里请示，注明活动的时间、地息人数、内容、议程及其所需要的设备和注意事项、需罗配合的部门，经批准后，方可实施。

2. 应做好现场售票工作（未免费开放场馆）

在旺季，售票处应打破常规。根据观众的需求提前售票，避免发生拥挤，团体和零售的服务窗口要分开，以免发生不必要的混乱。对于团体观众，有预约的，也有未预约的；有先预约先到的，有后预约先到的；有需要增删参观内容的或取消参观的，以及各种不可预测的情况。我们要做到心中有数，及时调整安排，通知其他接待环节，并与参观领队积极沟通。在购票参观程序上，可打破持票人场的惯例，先过人数后结账，开具人场通知单，及时通知相关接待部门，保证接待环节的畅通。

3. 应做好观众的咨询接待工作

售票处的工作人员不应该以旺季“忙”为借口，忽视自己的服务质量，要更加热情耐心地做好观众的咨询工作，做到耐心解答，百问不厌，兼顾好电话咨询和现场咨询。对于展览内容、开馆时间、票价、活动预约、烈士查询、乘坐车次、订车业务、订饭等事宜，必须有问必答，要分清轻重缓急，急事先办特办。条件允许，可另设咨询台，进行预约咨询业务；条件不允

许，就要当天参观优先接待办理，咨询预约暂缓办理或见缝插针，前提是必须为观众做好解释工作。烈士查询、烈士家属来访、文物捐献、专业资料采集、同行参观学习、各级领导视察工作、国际人士来访、各种职能部门检查等事宜，应分门别类、及时通知相关部门归口处理，不得遗漏、贻误。

三、存包处应安全、精心做好服务工作

存包处是观众随身携带物品的临时储存室。从安全出发，观众携带大型包是不能进人展馆的。出于免去观众肩扛手提之累，存包处应履行保管员的工作职责。

由于存包是进馆的第二道程序，而取包是参观活动的最后一道程序，所以应自始至终做好服务。在接待旺季，由于观众以集体参观为主，如果一个一个人来存包，一是浪费人力，二是观众等候时间过长，三是存包牌、存包架数量有限。为此，要征得观众的同意，几个包放在一个架眼里，甚至一个团队的包要摆放在一起。本着安全第一的原则，严格按照存包的各种规定和要求，提醒观众贵重物品自理，检查是否有易碎、易燃、易爆、易腐蚀等危险品，细心地将观众的物品保管好，耐心地做好解释工作，赢得观众的主动配合。如遇有易燃、易爆等危险品，遇有存包牌丢失等情况，应向观众做好解释工作，并及时通知保卫部门，妥善做好处理工作，绝不能掉以轻心。

四、群工部应做好观众的组织、疏导和讲解工作

群工部是博物馆和纪念馆重要的业务接待部门。在接待旺季，除了做好一切班前准备之外，还应根据观众的预约情况，保证检票口的和谐畅通，保证讲解的服务质量，保证展厅的参观秩序，加强工作人员岗位责任制管理，保证接待服务的高水平。

1. 检票人员应尽职尽责

在接待旺季，检票口的工作压力是相当大的，因为观众瞬时聚集在此，工作人员如果疏导不当，将导致现场秩序混乱，容易引起观众的不满情绪，成为安全隐患。所以，工作人员应头脑清晰，反应敏捷。应变能力和组织疏导能力强，快速准确甄别各种票种。要做到准确无误地统计人数，并根据

参观的内容和要求，进行分流疏导，调节参观流并为观众做好咨询和解释工作。

2. 讲解员应做好讲解接待服务工作

在接待旺季，由于观众到馆早，人员集中，所以讲解员应提前到岗等候，引导观众，并针对不同层次的观众因人施讲。根据观众的不同需求，掌握讲解时间的长短和内容的繁简，以互动交流的讲解方式，达到与观众的和谐沟通。在讲解服务中，应保证讲解服务质量，将所掌握和理解的内容毫无保留地传达给观众，使观众来有所得。对于观众的提问，必须做到热情耐心地解答，如不能及时解答，请观众留下详细通信地址，汇总到相关部门，请专家学者给予准确的答疑。在接待服务中，应密切监视展厅的安全情况，及时组织引导，保证展厅良好的参观秩序。展厅内如遇有急症病人、纠纷、安全隐患等突发事件，应及时采取措施，控制事态的发展，通知相关领导和人员到现场增援，妥善处理，保证纪念馆的秩序井然，为观众营造一个安全、和谐的参观平台。

五、安全保卫工作是纪念馆安全运行的保障

保卫部的职责是为博物馆和纪念馆的安全保驾护航。在接待旺季，保卫部应根据观众预约的情况，合理安排保卫、保安人员数量，保证在岗的全体保卫、保安人员充实到第一线，责任分区，监督打开和关闭安全通道，加强馆内消防安全巡视。遇有人员不够的情况，应及时请示馆里支援，以保证馆内、馆外的安全。同时应积极主动配合业务接待部门，组织疏导观众。遇有观众求助，及时协调帮助解决；遇有突发事件等情况，及时报告领导和相关人员调解排除，使事件、事故消灭在萌芽之中。

六、后勤部门应做好服务保障工作

博物馆和纪念馆应以优美的环境，设施设备的良好运行，为观众提供精神支持的平台。后勤保障工作是极其重要的，在接待旺季，应提前做好展馆用电、用水设施设备的安全运行检查和维护保养工作，及时检修、更换，以保证安全运行。应保证纪念馆的环境卫生，让观众置身于一个清新、舒适的

氛围。应做好一线接待人员的后勤保障工作，办公用品的配置、午饭问题、急救常用药品、夏季的防暑降温、冬季的取暖问题等，全力以赴为一线人员提供支持。

七、财务部门应做好财务票务管理工作

在旺季，财务部应根据观众的预约情况，合理安排售票、结账人员，加强工作人员的岗位责任制管理。针对每天大量的票款收入，要加强票务管理，做到每天的票款准确无误，并及时交付银行，遵守国家财务管理制度。

八、陈列保管部门应做好展示工作

陈列保管部是集展示、收藏、保管、研究于一体的重要业务部门，应根据旺季接待的重点，提前做好展厅陈列文物的调整、补充、保养、清理工作，以及讲解词的补充修改工作，使版面和文物的结合更贴切、更直观，使讲解内容更生动，保证纪念馆展示陈列的高质量、高水平。针对观众提出的各种问题，积极查找、核实，给出准确、及时的答复，以博得社会各界的支持。

总之，在接待旺季里，纪念馆全体工作人员应发扬团队协作精神，从上到下一盘棋，以一流的馆员队伍、一流的工作管理、一流的后勤保障、一流的社会效益，全力做好观众的接待服务工作。

博物馆免费接待工作存在的几点不足

博物馆、纪念馆自实行免费开放以来，在经历了瞬时空前盛况以后，出现了对产生和存在的问题及难度估计不够，尤其是对今后持续发展的规划不足的问题。天津市的几家市级博物馆自2007年底相继免费向公众开放这一惠民举措，赢得了全社会的一片赞誉，各博物馆瞬时历经了似开馆初期的空前盛况。但在经过了一段门庭若市之后，逐渐趋于下降平稳状态，继而又回复了往日的平淡。面对此次机遇的到来，有的馆为今后的发展未雨绸缪，做了大量的前期准备工作；有的馆只有针对当前的短期应对，没有认识其发展规律，为今后的发展深谋远虑，所以必定回复到不堪回首的从前，影响和阻碍了纪念馆的持续发展。笔者粗浅地认为主要有以下几个方面的问题，仅供参考。

一、观众开发的效果不够明显

开发组织观众是每个博物馆无论在收费期间，还是在免费期间都极其重要的业务工作之一，是社会宣传教育工作的重要组成部分。博物馆的开放，若没有一定数量观众的参观活动，那么它只能发挥文物保管收藏的功能，而失去了其发挥公共文化设施教育的载体功能，是国家公共资源的极大浪费。所以参观观众的多少，直接影响着博物馆其他功能的发挥，直接影响其社会效益和经济效益的实现。

我们应该提起重视的是，免费开放后，不要因为一时的人头攒动、人满为患的暂时繁荣景象，就仿佛又找到了“皇帝女儿不愁嫁”“酒香不怕巷子深”的良好感觉状态，被眼前的瞬时盛况蒙住了眼睛，而忽视了博物馆观众接待工作的客观发展规律。最需要冷静思考的关键问题是观众永远不会源源不断地自己送上门来，需要我们有前瞻性，需要我们有忧患意识，需要我们本着增强服务意识、提高服务水平、拓展服务功能的理念，深入社会各个层面进行广泛的宣传，让社会各界对此认知、认同、认可，最后达到认看的目的。

首先，应以文物的交替展出和多举办临时展览拉动观众。一座博物馆的基本陈列内容，在一定时期内是大致稳定的，受其展览特定时期的政治性、客观性等局限性的制约。虽然它的陈列内容较难有大的更改，但是代表它一定时期的特定的历史文物不止一件或两件，由于受展览环境的限制，包括：展线的长短、展示空间的大小、展柜温湿度的高低、征集时间的先后、展品数量等，我们还有很多文物寂静地存放在文物库房里，未能公之于世。为此，我们可以以一个季度、半年或一年为一个展示周期，将这些代表不同时期的各种文物轮流交替展出，让观众感到常来常新，同时，这种轮换也利于一些特殊材质文物的修复和保养。届时我们利用新闻媒体、网络向社会宣传公示，吸引观众可以在不同的时间，针对自己的兴趣爱好，选择来馆参观的时间。

我们可以借鉴黑龙江省博物馆推出的“每月一星”活动，来吸引观众的眼球。他们就是将馆内展线或库存的文物，按照系列精心筛选，一个月主推一件文物，并针对这件文物进行历史与现代的阐释与挖掘，提前一个月或半个月利用媒体进行宣传预告。为此，观众可以根据自己的喜好来选择来馆时间，激发了观众看了这一件，渴盼着下一件的热情。

新的历史时期要求博物馆，要把握时代脉搏，唱响主旋律，为社会的发展进步服务。这就需要博物馆以低成本、高质量、高品位的符合老百姓关心的热点话题以及为社会发展服务的展览精品，奉献给社会，吸引观众的眼球，招揽聚集人气。

其次，充分利用旅游业对博物馆观众的带动作用。旅游业促进了博物馆的社会效益和经济效益，而博物馆也是旅游业重要的物质资源之一，旅游服务应当以博物馆高品位的文化底蕴为基础，而博物馆高品位的文化底蕴也离不开旅游服务的经济支撑。因为成批次的团体观众是依靠旅行社组团，有组织地开展观光旅游度假活动。所以博物馆作为一个参观地，或旅游景点，应为游客提供一流的服务，以此吸引观众是我们工作的重点。

随着人们物质生活的极大丰富，人们对精神文化生活的渴求也日益强烈，旅游已经从原来的单纯性质的旅游，发展成专题旅游和特色旅游。现代人的旅游度假不再是单纯的游山玩水，而是在此基础上赋予一定的文化元素，既要亲近大自然、放松平日工作紧张的节奏，又要陶冶情操、撷取文化底蕴的收获。所以，博物馆要与旅游部门达成默契配合的共识，保持长期共建合作关系，最重要的是应该摆正与旅游业互辅的关系。为此，根据本馆的特色，本着一切为了观众，观众至上的服务理念，应与旅游部门共同制定编排各具特色的旅游精品路线，打造宣传推介的品牌，推出服务承诺的口号，提高员工的服务水平是我们吸引观众的重要途径。例如北京市旅游局和天津市旅游局2008年的红色旅游推介口号就是："到北京看主席，到天津看总理"。因为主席和总理在全国人民心中乃至全世界人民心中是无比崇敬的，因此人们追思的渴望和缅怀的心情是无法阻挡的，为我们带来了社会效益和经济效益是不可低量的。

再次，应加强对未成年人的宣传教育功能。青少年是博物馆开展爱国主义教育的基本观众。免费开放后，博物馆应充分利用自身的优势，加强对未成年人的爱国主义教育、革命传统教育、集体主义教育、国防教育、国情教育等等。青少年是祖国的花朵，是国家未来的栋梁，我们国家的历史文化、革命精神和光荣传统，需要他们来弘扬和传承。我们应该肩负起社会教育的责任，与学校建立长期合作关系，辅助学校教育和家庭教育，做好树人、育人的伟大工程。

以前由于不免费，校方咨询参观时多考虑经费问题。而如今免费开放了，校方主要顾虑的则是教学计划的完成问题和学生出行的安全问题。为此，作为博物馆一是应该与学校一起制定全年参观计划，利用学校的德育课、工休日、春秋假、寒暑假等，错开接待旺季来馆参观，在不影响教学的前提下，建议学校以一个班、一个年级为单位，根据学生们的年龄层次，做好因人施讲工作。二是应该积极主动走出馆门，将展览送进校园，将主题宣讲活动作为学生素质教育的内容，将展览的科普读物、连环画等送到他们的手里。根据如今青少年的兴趣爱好，采取他们喜闻乐见、感兴趣的形式，吸引他们阅读、驻足观看。三是与相关的新闻媒体和演出团体联合，推出专题晚会，包括歌舞、话剧、儿童剧、曲艺、动漫演出等文艺演出活动，来吸引同学们的积极参与，达到树人、育人的目的。

最后，加大开发纪念品的销售力度。免费开放后，我们应该充分利用国家给予博物馆的良好政策和机遇，充分挖掘自身的潜力，借力、借势甩掉以前成为增加国家经济负担的包袱，将自有资源和社会资源整合统一，在坚持公益性的同时，要重视文化产品的开发经营，以颇具特色的文化产品，来吸引喜好收藏的特殊观众群体。根据推出每个展览的内容，以高品位、低价格，设计符合其文化内涵的、具有收藏价值的纪念品，来增加经济收入，增强事业后劲，使博物馆的各种功能得到充分发挥。例如2008年北京奥运会和2010年上海世博会的成功举办，为我们做出了榜样，各种各样、各种档次、各种品质的纪念品和宣传品，可以说是应有尽有，它所带来的经济效益是很高的，而它所带来的社会效益乃至世界影响也是很大的。

二、信息宣传机制不够健全

一座博物馆从奠基到竣工，从开馆至几十年如一日，如果没有宣传推广工作的鼎力相助，那么就很难达到家喻户晓、人人皆知的知名度和美誉度，它就是一座鲜为人知的建筑物，是一座文物藏品的保管仓库。所以，为了使其各种功能得到淋漓尽致的发挥，必须利用大众新闻媒介的宣传途径，形成强大的宣传攻势，在电台、电视、报纸、杂志等媒体进行传播，这是最基本的传播载体。如今我们已经步入现代高科技信息化社会，网络技术已成为人们广泛推崇、必不可少的联络工具，各种各样大量的信息在网络上被人们按需所用的广为传送。可以说，离开了宣传媒介的博物馆，就好像是盲人离开了导盲杖，回到了信息闭塞效率低下的状态。

宣传博物馆的知名度，提高博物馆的美誉度，保障博物馆的信誉度是我们始终如一的艰巨任务。博物馆免费开放后，不要错误地认为就不需要宣传了，而更应该加大宣传力度，需要成立专职的宣传班子来策划本馆的宣传方案。加强与新闻媒体的合作关系，按照不同时期活动内容，提前制定全年甚至下一年的宣传预案，率先计划，按期实施。我们要善于使用，尤其是要充分利用现代化高科技手段，加强对博物馆的宣传推介工作。如今使用网络技术可以说是覆盖面极广的超人气集合点，老少皆宜。所以合理利用和科学地使用网络已不是什么新鲜事物可言，设立自己的宣传网页，开设网上的数字化博物馆，将极具代表博物馆特色的内容丰富、形式新颖、赏心悦目地呈现给广大的网民，让他们不出家门就能先睹为快，就能了解博物馆的社会教育功能。诸如：引进或推出新展览、学术研究与博物馆的动态分析、新书出版、志愿者服务、博物馆之友、义务宣讲活动等的新闻发布消息。都要让他们在第一时间知晓，及时转发给网上的好友，以点带面，扩大宣传的覆盖面，信息传播四面八方，达到对博物馆从平面的感性认识到立体的理性体验的实践，吸引他们的眼球，最终进馆参观就是我们的终极目标。

另外，将我们推出的新展览、流动图书馆、义务宣讲团、演出队、放映队下社区、进校园、驻军营，深入到社会的各个阶层，可以说，这是我们利用自有资源宣传自己的“撒手锏”。尤其要注重偏远地区、山区的农村、学校，拓展教育阵地的覆盖面，配合加强全民思想道德建设教育，充分发挥教育阵地的功能。我们肩负着义不容辞的责任和使命，我们的工作不仅是传承历史文化的精髓、弘扬革命精神、继承光荣传统，也是宣传我们自己的知名度和美誉度。

三、服务功能不够完善

目前，仍有一些博物馆存在缺乏各种导览设施，如：没有标识牌、标示牌，休息区域座椅稀少，未设存包处，没有免费饮水设施，洗手间气味难闻、缺少厕纸、洗手液、烘干器，缺少雨伞、雨衣存放架等等人性化服务细节。导致观众进馆后一头雾水茫然不知所措，不知该往哪里走，大包、小包肩扛手提。再如：陈列展壁的凸、翘、缺损未及时修补；一些卫生死角有碍观瞻等。由于缺少一些最基本的服务内容，服务功能不够完善，所以影响服务质量，影响观众的参观情绪，影响观众对博物馆的整体评价，从而产生一些的负面影响，也将直接影响博物馆的美誉度和公益性事业单位的社会效益。

免费开放将是博物馆保持永久性的一种常态运行，对此，博物馆应该充分显示以人为本、构建和谐的人性化服务的突出特点，使观众自己能在无人引领的环境中，自行利用标示牌和标识牌，或导览设施完成参观浏览活动。要从最基本的服务内容着手，完善服务功能，本着一切为了观众的服务理念，为他们打造一座清洁、安静、舒适、庄严的教育殿堂。如：电话咨询预约，介绍乘车路线，赠阅简介，电子导览图与文字导览图并存，增加休息座椅的数量，检查盲人通道、卫生间的基本用品、衣帽间、休息室、饮水处等设施情况，让观众感受着宾至如归的服务，尽享祖国悠久的历史文化给予的精神动力和智力支撑。

四、员工素质有待进一步提升

一座博物馆的整体管理水平、接待服务形象，都能直接从其工作人员的精神风貌中展现出来。博物馆的免费开放，不是降低接待服务标准，而是要求各文博单位要在原有的基础上，进一步提高其综合接待服务水平和能力。因此，面对蜂拥而至的观众，有的工作人员表现出面无表情、敷衍推诿、不耐烦等现象，给观众留下不愉快的记忆，这有悖于行业工作的准则。作为公益性事业单位的员工，我们工作的性质就是服务，必须牢记全心全意为人民服务的宗旨、牢记为社会发展服务的使命，为此博物馆应该加强内部管理，建立健全各种管理机制，提高员工的素质。

首先，对员工进行思想政治和爱岗敬业等方面的教育。做到育人先育己，继续加强对员工的热爱党、热爱祖国、热爱社会主义的经常性教育，荣辱观教育，思想道德教育。定期组织学习马列主义、毛泽东思想、邓小平理论、“三个代表”重要思想、科学发展观、习近平新时代中国特色社会主义思想的重要论述，尤其要认真学习全心全意为人民服务的重要论断，提高员工的政治思想觉悟，保持政治敏锐性，不辜负党和人民给予的期望，本着观众至上，强化服务意识，提高服务水平的工作态度，恪尽职守，任劳任怨地做好本职工作。

其次，加强对员工业务技能培训。组织对全馆各岗位的员工进行本岗的业务技能培训，加强业务知识的学习，加强基本功的训练，开展业务技能竞赛活动，与奖励机制挂钩，比学赶帮，优胜劣汰。激发工作积极性，使其成为一支思想过硬、作风优良、知识宽泛、业务精湛、结构合理的员工队伍。

例如延安革命纪念馆多年来坚持讲解员末位淘汰制的考核制度，奖勤罚懒、优胜劣汰，给讲解员的工作加压，激发讲解员学习的动力，强化积极主动服务的意识和热情。如果你不学习、不提高业务水平，那么你的接待服务水平就会停滞不前甚至后退。

最后，对员工进行强化服务意识教育。博物馆是社会教育的重要机构，而工作人员作为传承发挥其功能的推行者，你的精神面貌、言行举止、服务态度都能给观众留下不同的记忆。为此，必须对全馆员工进行全岗培训，如普通话、服务用语、文明用语、咨询服务、疏导观众、突发事件处置等。教育全馆员工无论是一线接待服务人员，还是其他岗位工作人员，在场馆内无论何时何地，都要服装整洁、仪表大方、精神饱满地投入到工作中，面对任何观众的询问，都要热情、耐心、准确地解释回答。遇有回答不了的问题，不能简单地回答“不”，应该积极主动帮助观众求证主管部门的专业人员得到满意答复后，方可离开。在接待旺季，要打破各自为政的工作框框，打破部门之间的界线，在一线接待人员紧张的情况下，其他部门员工要全力支援一线，现场维持场馆秩序，及时疏导观众，保障场馆的安全，保证观众的安全。全馆上下一盘棋，高质量、高水平、全方位地为观众服务，为观众留下难忘的记忆和美好的印象是我们接待服务工作的主旨。例如2009年天津市掀起“十大行业文明服务标兵”的评选活动，平津战役纪念馆以此为契机，召集全馆所有接待环节的部门及人员，举办“强化服务意识，提高接待服务水平”“接待服务礼仪”等专题讲座，组织相关的部门编撰、印发《文明服务规范用语》，督导各部门学习掌握，所涉及的人员极其广泛，从正式职工到三产销售人员乃至物业服务人员，并在实际工作岗位进行抽查考核，强化服务意识，规范服务标准，提高全馆整体接待服务水平。在天津市政府举办的“十大行业文明服务标兵”和团市委举办的“文明服务之星”的评选活动中，该馆有三名同志获此殊荣。

免费开放后针对接待工作中出现的观众投诉事件和不妥之处所涉及的相关人员，应该进行严肃的批评教育，严重者给予经济处罚和行政处分。要正确面对已经出现和存在的问题，及时为大家提出警示，认真自查，趋利避害，摆事实、讲道理。对潜在尚未出现的隐患问题，要快速及时扼制消灭在萌芽中，杜绝同类事件的再次发生，影响博物馆的社会声誉。此外，应加强馆际之间的交流合作，发挥优势互补、资源共享的联动功能，取长补短，博采众长，吸取和采纳同行先进的管理模式和经验。

总之，为对博物馆今后的持续发展要有前瞻性，要在发挥博物馆各种功能的同时，提高博物馆的社会效益和经济效益。博物馆的免费开放，不能一“免”了之，不能降低服务标准，更不能降低接待水平。

第五章 革命类纪念馆运行发展的实践与思考

影响革命纪念馆发展的几个问题

《2004—2010年全国红色旅游发展规划纲要》的出台，以它不凡的知名度和竞争力在旅游市场上形成冲击波。随着红色旅游的影响力，革命纪念馆作为反映中国近现代革命历史重大事件和杰出人物从事革命活动的见证，使其深厚的“红色历史”底蕴得到了有效的释放，知名度日益提升。在2007年底，天津市率先实施博物馆纪念馆向全社会免费开放的惠民举措，革命纪念馆作为红色旅游和免费开放的载体，获得了良好的社会效益，使其功能和作用得到了充分发挥，为它的持续发展注入活力，改变了过去门庭冷落、观众寥寥的低迷状态。

红色旅游的推出，将全国绝大多数革命纪念馆定为红色旅游景区，在各级政府的宣传引导下，参观红色景区成为社会关注的热点。尤其是免费开放以来，博物馆、纪念馆更是得到社会各界的青睐，而且眷顾了普通民众的参观情结（如农民工、待业、低保人员等），由从前“阳春白雪”的高雅文化殿堂，向“下里巴人”雅俗共赏的公共文化教育场所转变，为提高全民整体素质与普及深化社会教育接轨。为此，通过红色旅游文化的穿针引线，乘着免费开放的势头，着力研究和挖掘革命纪念馆为社会发展服务的功能和潜力是当务之急。纪念馆要充分利用各种宣传媒介，在全社会公众的心目中，重新树立纪念馆的知名度和美誉度，充分发挥其社会公益性事业单位激发民族意识、爱国情操的爱国主义教育功能，满足社会多元化发展的需求，从而增强对社会的吸引力和感染力。然而，历史及客观存在的问题以及行业发展进程中面临的新形势、新任务、出现的新问题，影响了革命纪念馆的发展。

一、经费不足问题

我国大部分博物馆、纪念馆的经费一直是依靠国家和地方财政拨款，由于种种原因，资金不能及时到位，经费不足影响了革命纪念馆的运行管理和发展。特别是在红色旅游和免费开放以后，由于资金紧张而带来的问题日益凸现。

1. 免费开放增加了革命纪念馆的管理费用

纪念馆面向全社会免费开放和红色旅游的启动，使得社会各阶层的观众纷至沓来，人满为患。况且2008年是举国迎奥运的吉祥年，面对纷繁复杂的社会形势，国家为保证公共文化场所的安全，安装了安检设施。所以，观众多，需求就多，相应的服务设施设备就需要更新、添加。为了保证纪念馆的安全有序，纪念馆必须在保障设施设备的正常运行、展馆的安检入口、展馆的安全保卫、展厅的环境卫生、辅助的服务设施等方面加强管理力度，增加充实人员安排，以期保障各方面的服务质量不减，确保展馆的安全，保证展厅的环境清洁等，就必然使得费用加大，聘用人员所需要的工资福利产生缺口。面对这些情况，经费不足也只能因陋就简，降低硬件服务质量，原地踏步。

2. 增加了场馆、设施设备的维修保养费用

纪念馆作为社会教育的重要场所，它的社会公众形象是不容忽视的。由于免费开放，纪念馆出现空前的“爆棚”。观众的增多，加速了设施设备的磨损，加之个别观众的不文明参观，导致设施设备不同程度的损坏。如：卫生间洗手盆的截门、冲便器的按钮、门的损坏；变电室、空调机房设施设备的维护保养；电梯、扶梯的运行维护保养。另外，展厅设备方面有展板的凸起、雕塑的抠挖、演示设备的失灵等，都造成了纪念馆设备维修、养护费用的大幅增加。而且，还由于一些纪念馆因长年失修，造成馆外灰头土脸、破旧残损，馆内阴暗潮湿，设施设备得不到及时维修、更换和保养，纪念馆最基本的正常运行都保证不了，又如何谈发展，这些现实状况阻碍了纪念馆的发展，也损害了纪念馆的社会形象。

3. 经费不足使革命文物的征集、保管、交流、定级等工作受到制约

大多数纪念馆展线陈列的文物数量有限、陈列形式单一、保管手段落后，不仅影响了展览直观、生动的特性，而且影响了观众的观展体验，更影响了文物自身所蕴含的历史和现实的功能展示。一件文物的征集过程比较复

杂，通过征集人员走访、筛选、鉴定、核实后，经过专家及相关部门的综合鉴定、审核，方可定为文物。但是由于经费的问题，多数纪念馆文物征集、文物定级和馆际间文物交流调剂等工作搁浅，特殊材质的重要文物不能及时科学收藏，影响了文物学术研究价值功能的发挥。

4. 经费不足制约了纪念馆的宣传推广活动

纪念馆要想拥有稳定持续的观众源，仅凭借出色的基本陈列内容和展示教育的手段是远远不够的，必须主动出击，本着与时俱进、以人为本的办展理念，不断挖掘整合资源，推出符合社会多元化发展，同老百姓生活息息相关的展览，采取与兄弟馆合作办展、引进展览、巡展等方式，借助大众传媒和其他公共关系手段，开展宣传推介活动。对纪念馆的整体概况，以“点”带“面”，以“临”带“主”，从不同的角度，通过不同的宣传渠道，进行有组织、有计划的策划报道，以帮助公众逐步、纵深了解纪念馆所蕴含的各种信息资源，吸引更多的公众。然而现在大多数纪念馆的经费只够勉强维持开馆，根本没有能力开展宣传推广活动，想要吸引观众，只能纸上谈兵。

要彻底解决纪念馆的经费问题，可尝试以下做法：其一，除了国家和地方财政拨款，还应吸纳社会资金的投入，或采用融资、个人捐助等集资方式；其二，在坚持公益性的前提下，采取灵活的经营管理方式，开展多种经营活动；其三积极寻求跨部门、跨行业、跨地区的馆际、城际合作对象，加强合作力度，发挥群体优势，促进区域间的辐射带动作用，形成互惠共生的利益关系。当然这些措施能否有效地实施以及落实的效果如何，应从各馆的实际情况出发。

二、文物史料的征集抢救问题

革命类纪念馆的展览陈列内容，由于受其政治、历史等客观因素的限定，它的陈列内容、展示顺序和形式手段都要经过上级相关部门的严格审核批准。一般来说，展览陈列内容在相当时期内是相对稳定不会更改的。观众到这类纪念馆参观时会感觉内容不丰、文物稀少、陈列形式单一。所以，对于革命文物史料抢救性的征集工作，是纪念馆业务工作迫在眉睫、不容忽视的重要内容。

随着时间的推移，许多历史见证人都到了耄耋之年，他们当中不乏有人是当时的组织者和参与者。因此，要在他们健在时候去探望、倾听、记载他们内心深处不能忘怀的真实事例，再将他们珍藏保留的物品、珍贵资料以及口述的录音资料，经过整理、认证、审核，及时充实展览内容，丰富讲解词是十分必要的。还有一些革命文物被其后代珍藏或散落在民间，这些文物是收藏者对亲人追思缅怀的寄托，增加征集的难度。另外，由于个人收藏的方法不当，导致纸制发黄、文字模糊、纸质变脆，更有一些其他易腐蚀变质的文物，由于保管方法错误，贻误修复的时机，失去了征集的意义。

所以，要求征集人员要耐心说服，动之以情，晓之以理。条件允许，对于捐赠者给予精神鼓励或一定的经济补偿。条件不允许，可以协商代为保管，以增加馆藏的数量。

三、创新意识和宣传手段问题

革命纪念馆展览主题强调政治性等因素，是加强政治思想教育、提高全民整体素质的场所。我们需要考虑如何将文物资源转化为教育资源，如何将文化资源转化为生动活泼的教育形式，如何提高纪念馆的知名度。宣传推介是纪念馆融入社会的“敲门砖”。

1. 利用新闻媒介，加强宣传力度

从宣传纪念馆的角度出发，要重视宣传推介工作，主动与社会接轨，利用宣传媒介，加强宣传投资力度。将宣传工作纳入业务工作实施计划，未雨绸缪地做好全年不同阶段宣传主题策划的案头工作，吸引观众渴望了解纪念馆、认识纪念馆、走进纪念馆。

2. 利用网络技术，扩大宣传覆盖面

当前，时髦的网络技术受到社会各界的推崇，尤其能招徕更多热衷于网络应用的年轻观众。通过建立视频网站、数字化纪念馆等，用现代化高科技手段包装纪念馆，以纪念馆的时尚形象引领年轻观众时尚健康的生活方式。纪念馆的网站要不断刷新充实新内容，还可以采用在线征集视频作品、博客接龙、填写互动信息等新颖的形式，以期吸引众多年轻观众的眼球，聚敛颇高的人气指数，让大家能不出家门就认识纪念馆。

但是，不要因为纪念馆已经免费开放了，就认为不需要再宣传自己了，可以坐等观众了，那就失去了纪念馆社会存在的价值意义，导致国家公共文化设施资源的极大浪费。

四、对学生团体的讲解效果问题

在规定时间内对大宗学生团体的讲解接待工作，是纪念馆优质服务的难点。纪念馆对学生的接待服务包括组织疏导、引导参观、维持秩序、内容讲解等。其中讲解员的讲解效果是纪念馆、学校和学生最为关注的重要内容。讲解服务的优劣，是衡量学生获取知识的多少，检验纪念馆接待水平高低的标准。

1. 在接待淡季

一方面，学校没有时间要求。讲解员就可以按班级实施引导讲解，这样就可以采用启发式、提问式、引导式等互动的方式进行。讲解员不是板着面孔以教师的角色面对学生，而是以朋友身份融入其中。用鼓励的眼神、亲和的语言、辅助的态势语言与学生互动交流，让他们在寓教于学、寓教于乐的轻松愉悦的氛围中，自觉地获取知识。

另一方面，学校有时间要求。学生少则上百人，多则上千人，如果以班级为单位，由于展厅的容量、批次间隔、停留时间等诸多因素限制，讲解员的讲解工作会受到制约。虽然针对学生的年级、理解能力、精力集中时间等特点采取了因人施讲，但由于各种条件的限制，同学们只能“填鸭式”被动地听，对讲解内容只能是一知半解。参观效果追踪调查显示大多“没听清楚”“记不下来”“听不懂”，所以讲解员扯着喉咙讲了一大篇，同学们根本记不下来，也理解不了。

2. 在接待旺季

虽然纪念馆全员加班加点，但由于社会各界观众的集中到来，学校提出的要求得不到满足。为了保证参观秩序，缩短馆外观众的等候时间，讲解速度会加快，讲解内容会删减，导致讲解效果欠佳，影响了观众的参观情绪，间接损害了观众接受教育的权利。

所以，为保证参观效果，应与校方建立长期合作关系，建议学校以班级或年级为单位组织教学参观活动，错开接待旺季，根据教学进度，随时组织学生参观。如学校距离纪念馆较远，交通不便，从学生的安全出行考虑，纪念馆应积极主动将展览送进校园，积极为学校提供便利条件和优质服务。

五、增加服务项目问题

纪念馆是社会教育的重要场所，若观众来到这里只是单纯地、被动地听讲，或者是语音导览器的播放指引，参观形式单一，会使观众产生视觉和听觉的疲劳。虽然我们力戒空泛说教，但是观众对参观的效果、知识的接受程度仍是心存遗憾。如果像科技类、自然类等场馆，以观众动脑动手互动的项目，来配合展览内容的理解和掌握是最佳的。军事类纪念馆可以设置远红外打靶、防空演习、兵器等模拟操作等参与方式来吸引观众，尝试让观众“舞刀弄枪”过把瘾，但要考虑观众的安全。名人类纪念馆可以设置琴、棋、书、画等实际模仿演练，可以让观众有舞文弄墨、抚琴吟唱的展示平台，还可以借此举办观众书画展、收藏展等活动。因此革命纪念馆应根据各自的特点，开辟互动园地，策划活动项目，吸引观众。

六、完善服务功能问题

各纪念馆的地理位置、规模大小、观众参观的踊跃程度等差异，使得它们的服务配套项目和功能就会产生差别。纪念馆要按照科学发展观的要求，本着坚持以人为本的和建设和谐社会的服务理念，使纪念馆的接待服务更加人性化。诸如：设置公交车站、停车场、咨询处、售票处、存包处、存衣处、纪念品销售网点、简约清晰的导览图、简介、公交线路图，开辟观众休息区域，设置足够数量的座椅、轮椅、儿童车椅，设置足够容量的卫生间，设置手机充电处、导览器租赁处、电子触摸屏，设置相关的影视资料循环播放系统，提供餐饮服务，设置急救药箱等。像国外的博物馆还专门为观众提供婴儿换尿布、电烫室等的服务设施，名目繁多、细致入微的服务项目比比皆是，都是我们可以学习和借鉴的。

七、纪念品开发问题

随着旅游业的不断发展，纪念品已成为人们旅游文化活动中理性消费的主要内容，它成为串接人们生活旅程的坐标。纪念品作为历史文化信息的载体，伴随人们踏出馆门、走向社会乃至走出国门，可以说它就是纪念馆文化、城市文化乃至国家文化的名片。因此独具特色蕴含底蕴的文化纪念品，能使纪念馆文化的传播向社会、世界沁润延伸。所以，不论展馆规模的大小，观众人数的多少，每座纪念馆都要出售自己独具特色的文化纪念品。然而每座纪念馆所出售琳琅满目的纪念品中，是由本馆自主研发的产品几乎为零，而真正具有本馆特色的纪念品就更是寥寥无几了。各展馆纪念品的种类大同小异，没有自己的特点，甚至有的连本馆的名称、徽记、标识都没有。观众就是在此处没买，到下一个纪念馆也能买到。而买回去后没几天就忘记是在哪里购买的，完全失去了纪念品“纪念”的实际意义。

因此，纪念馆要高度重视纪念品的开发工作，组建研发机构，搜集市场信息、征集设计样本，开发设计生产具有本馆特色，具备收藏价值、艺术价值、观赏价值、高端品位的纪念品，丰富和满足人们不断提升的消费渴求。通过这小小的纪念品，来获得和享受社会大众对纪念馆的眷顾和青睐。

八、交通问题

大路四通八达，资讯海阔天空，交通是一座城市或地区现代化程度高低的标志。由于客观的、历史的原因，大部分纪念馆坐落于城市的边缘，纪念地、遗址、旧址都坐落于比较偏僻的山区、郊区和城镇，交通不便，信息闭塞，以致观众想去都找不到地方，造成参观人数不尽如人意，公共文化设施闲置的现象，影响了纪念馆的功能发挥。因此，可以套用“要想富，先修路”的模式，既要从客观实际出发，又要从长远发展考虑，会同相关部门，规划周边交通，同时还能带动本地区和周边地区的经济、文化、旅游事业的发展。

九、适度开发问题

由于大部分纪念地、遗址、旧址，地处比较偏远，且经济落后，所以对于纪念馆的开发与修建，要根据经济社会发展的需求，借助国家政策的支持，地方政府行政机制的监督，做到合理有效的开发建设。经过评估决策必须修建的，一定要建好，并且要管理好；条件不成熟的，纳入计划暂缓修建；对于模棱两可的，一票否决。杜绝“一窝蜂”，避免出现纪念馆整体发展的不均衡、国家和地方财政的负担过重、社会公共资源极大浪费的现象。

红色旅游的开发和免费开放的实行，使革命纪念馆作为社会公共文化设施的资源得到充分的开发利用，对革命纪念馆的生存与发展起到了推波助澜的作用。借助免费开放和红色旅游的发展推动，本着创新发展是持续发展的根本的经营理念，选择有利于促进发展的良策，挖掘潜力、拓展功能、发挥作用、服务社会，将革命纪念馆的功能和作用做满、做足，是我们当前乃至未来的工作要务。

博物馆公益性与经营性的相互支撑

清朝后期，随着西方文化的侵入，接受西方文化是时代的要求。为了打破局限性的框框，为了让这些奇珍异宝能公之于世，让社会大众共享祖国古老文明的成果，我国博物馆事业的鼻祖张謇先生提出“公诸天下”的博物馆观，办苑宗旨就是启发民智、改造社会、救亡强国，是“庶使莘莘学子，得有所观摩研究以辅益于学校”。着重于博物馆是办教育、启民智的必要补充的辅助作用的社会教育机构。他的办苑宗旨一直传承至今，使博物馆的社会使命意识更加自觉，使博物馆与社会的结合更加紧密。

一、公益性是博物馆的根本属性

博物馆的公益性具有它浓重的社会历史印迹，在我国自古就有重视收藏奇珍异宝的记载。古代朝廷的谷物库、积宝楼、宗教寺庙、王室贵族的藏宝阁、聚宝斋等，民间家资丰盈的个人收藏也是星罗棋布，都是具有观赏和收藏价值物品的聚集地。这些储存重地是不允许普通百姓随便参观的，起初只是为宦官大臣们的国事外交、谋事同僚的观赏切磋、宗教之间的交往、亲朋好友茶余饭后互相拜访等秘密或公开的会晤场所，其间可以互相馈赠和交换。它的收藏范围、规模、种类、数量是有限的，受众人群也具有一定的阶层和范围的局限性，但它已经具有公益性质的雏形了。

新中国成立以来，公益性文化事业成为社会主义文化事业的重要组成部分，它是国家投资举办不以营利为目的，面向社会，面向公众，提供公共文化服务的文化事业及其相关载体。它肩负着传播知识、宣传教育、示范指导，向群众提供优质精神产品，提高全民族思想道德素质和科学文化水平的重任。是在国家和政府的宏观调控下投资兴建的，肩负着丰富人们精神文化生活，满足人们精神文化需求，激发爱国热情、弘扬民族精神、传承优良传统的神圣使命。

博物馆作为公益性的社会文化教育机构，它的根本属性是显而易见的。它不等同于以营利为目的的商业文化机构，它是为社会和社会发展服务的，为了社会大众而办，而又必须依靠社会和社会大众的支持、赞助才能办好。博物馆应充分利用政府给予的非营利组织的权利，积极主动争取社会各界多方面的支持，应当利用一切有益于人民身心健康的、物质的、精神的产品，通过行之有效的宣传教育途径，开展各种教育活动来辅佐社会教育，让它植根于社会的沃土，根深叶茂、硕果累累。

博物馆是人类文明的宝库，是一个国家或城市历史文化资源精粹的聚集地，在现代化的城市里，他为人们留存了些许宝贵的物质财富和精神空间，使得人民在此能够追根溯源。对于博物馆来说，公益性活动为经营性展览和文化商品的推销创造市场机遇，培养潜在的观众源，是博物馆文化功能的延伸和拓展的平台，纯正的公益活动可以呼唤出一种理想的社会文化景象。

近些年来，随着社会物质财富的日益丰富，人们对精神文化的需求亦日益迫切，越来越关注和推崇文化事业。由于博物馆的直观性，能满足人们的好奇心和求知欲，因此，博物馆应主动迎合社会，利用自身行业的资源优势，采用内容丰富、形式多样的宣传展示手段，吸引观众走了解认识博物馆，主动向社会免费开放、举办公益性展览、义务宣讲、文艺演出、专题讲座、主题活动、展览进社区、展览进校园、展览进军营、志愿者组织等。其中主题活动，博物馆已实现主办或协办升旗、入党、入团、入队、十八岁成人仪式、新兵入伍、官兵授衔、老兵退役、植树纪念、现场教学、（军事、科普）夏令营等，达到更新观念，提高思维能力，改变行为方式，培养创新精神的目的。最根本的是博物馆要充分发挥爱国主义教育基地和精神文明示范基地的作用，不断调整办展方向，缩小制作投入和运作成本，制作精品，推向社会，为社会的发展提供强大的精神动力和智力支持，保证博物馆公益性的永恒延续，取得社会效益最大化。

二、经营性为博物馆的生存注入活力

经营性是指纯粹的以营利为目的，获得最大的利润，以期维持经营规模和扩大再生产。由于博物馆本身的生存与发展需要资金的注入，良好的经济效益将大大推动博物馆的发展。随着改革开放的不断纵深，博物馆也卷入市场经济的大潮，一种日益被人们广泛接受的观点，即博物馆“不以营利为目的”不等同于“不能营利”，商业经营性模式成为博物馆寻求解决普遍存在经费紧张难题的重要途径，这就为博物馆的生存与发展拓展了空间，为博物馆的造血机能注入活力。从展览的制作和宣传推介、文物的征集和收藏保管，到馆舍的修缮、设备的维修、办公用品的购置、员工的工资等都离不开经费支撑。由此看到，没有必要的经费保障，博物馆的运行受阻，其诸多功能就无法发挥。

从博物馆的社会教育功能和责任的角度思考，博物馆的运转和维持生存的造血机能，在现有的国情中不能停滞在等、靠、要的状态，一味仅靠国家和政府的政策扶持不能满足现代化博物馆的高速发展。进入市场经济以后，只有融入市场经济的大潮，掌握市场规律，遵守运行规则，充分利用政府给予的非营利组织的权利，在坚持博物馆公益性的同时，本着主动走向社会、争取全社会各方面的支持，坚决走向市场，主动迎合市场的经营理念，向市场抢机遇、抢份额、抢效益。但是，博物馆不能像企业那样始终把营利作为经营的终极目标，要坚持把社会效益放在首位的同时，取得合理的经济收益，使社会效益和经济效益协调统一，以维持自身的生存和事业的发展，是现代化博物馆持续发展的根本出路。

走向社会融入市场，就得有畅销的产品去市场抢份额、抢效益。作为博物馆应该制作符合社会发展，迎合公众需求，纵观社会时弊，聚焦百姓关注的热点，立足推陈出新，采用一切可以利用的现代化科技展示手段，制作出高品位、高质量、高水平的精神产品。以针对性、时效性吸引观众，以教育、警示震慑观众，以学习性、实用性启迪观众，以歌颂、弘扬打动观众。对于展览制作的成本、文物的安全保管的费用，根据博物馆公益性的属性，可免费对外开放或适当地收取门票，关键是要根据展览的内容，配套设计制作相应的互动项目和文化产品的经营出售，这样，既满足观众亲身参与和欣赏收藏的情结，也使博物馆获取一定的经济效益。因此，以商业经营性活动的收益来弥补资金的不足，既维持生存运行和创新发展，又保住了博物馆坚持经营行为的生存底线。

三、博物馆的公益性为经营性孕育商机

博物馆的公益性是博物馆行为规范内在约束力的体现，丰富多彩的公益性文化活动在潜移默化地提升市民的综合素质，为建设和谐社会打下坚实的群众基础，使人们在工作之余尽情享受着公益性文化给心灵带来的欢乐与温馨。

博物馆举办公益性文化活动是为经营性的展览和文化商品的推销培养潜在的市场，博物馆应掌握市场、洞悉民情、抓住契机，将博物馆公益性的功能淋漓尽致地发挥。因此，加强各种新闻媒体的宣传导向，获得整个社会的关注，激发人们的认知兴趣，吸引众多的观众走进博物馆是关键。本着“以人为本”的服务理念，提高整体接待服务水平，让他们“急切”而来“满意”而归，这无疑为博物馆公益性文化活动的开展奠定了坚实的社会基础，又为商业经营性活动的运作开拓了市场。与此同时，还应该积极走出馆门、城门、国门，走进学校、军营、社区，走遍祖国各地，乃至走向世界。

在当今的社会发展进程中，社会经济愈发达，公共物品所占比例愈高，政府对公益性事业的投入就愈高。当然，社会公益性文化活动是必不可少的，凭借公益性文化活动的平台，博物馆利用一切有益于人们身心健康的精神产品，占领思想文化阵地，开展内容丰富形式多样的公益活动，以此带动和促进经营活动开展。诸如纪念品的销售、文物复制品的销售、文物收藏的鉴定活动等。积极主动为观众开辟动手动脑互动参与的空间，如参与文物复制品的制作、陶艺制作、古代乐器的演奏、文物标本的制作、工具的现场操作、兵器装备的模拟操作等。通过“以人为本”的服务理念来提升博物馆的美誉度和影响力。

四、博物馆的经营性反哺公益性

博物馆在坚持把社会效益放在首位的同时，改革经营理念、开拓多种门路、想方设法增加经济收入，已成为其求生存和谋发展的迫切要求，经费紧张影响着大部分博物馆的发展。但是，如果片面地追求经济效益，不讲社会

效益，就会庸俗化，它带来的只是短暂的、表面的繁荣，削弱了博物馆公益性的属性，损害了博物馆在老百姓心目中的社会形象。所以通过开展适宜的有偿服务活动，博物馆的活动经费有所缓解，为博物馆公益性活动提供生存保障，广大的市民加深对文博事业的了解，加深对博物馆经营性有偿服务的理解，扩大博物馆和纪念馆的影响力和美誉度是我们服务的理念。

生存与发展是一组互动的螺旋式上升的关系，博物馆在巨大的生存与发展的压力下，随着市场经济的纵深发展，变压力为动力，以发展成为更加开放、更加以人为本、以服务为核心的经营模式。因此，在继续得到政府支持的同时，要注重挖掘自身潜力，整合资源，抢抓市场机遇，强化经营服务理念，以商业经营的收益支撑博物馆创新发展事业。对于博物馆来讲，新展览的研发推介、文物鉴赏、纪念品的设计开发等都是有偿服务的重要内容。尤其是纪念品作为传播历史文化信息的载体，已经进入商品流通领域，承载着信息的传播功能在继续延伸，并渗透百姓的生活。纪念品从被认知到进入社会文化流通领域，相得益彰的繁荣景象已展示出纪念品的特殊魅力，为此，赋予纪念品新的文化理念，将纪念品的销售力转化为博物馆的影响力。只有深刻把握赋予纪念品的文化内涵和发展趋势，充分体现纪念品与观众在情感与利益上的深度沟通，才能达到商业经营的最高理念。

另外，近几年来开展社会民间收藏品的鉴宝系列活动，也是搞活博物馆经济的策略之一。文物收藏爱好者携带着他们极其珍视的藏品，展示了民间收藏艺术的瑰丽姿彩，为国家搜集、挖掘、购买流散于民间的奇珍异宝提供了平台，为专业收藏与中华民间收藏的交流融合连接了纽带，同时也构建了一座令广大老百姓喜闻乐见、雅俗共赏的文化舞台。因此，鉴宝活动要与专家的指导性、示范性和群众的积极参与意识相结合，在享受休闲娱乐的同时，感受民间收藏活动所带来的文化艺术视觉冲击和心灵的震撼，提高城市居民的文化品位，以次来激发博物馆商业经营的活力，提高经济效益，减轻国家的负担，缓解生存发展的压力是根本目的。

五、博物馆公益性与经营性互为依存

公益性文化活动不仅丰富和满足了人们的精神文化生活需求，奏响了城市的和谐凯歌，而且提升了城市的文化品位。通过丰富多彩的公益性文化活动，吸引广大观众的参与，在互动的氛围中，完成对博物馆文化价值和理念的有效传递，围绕博物馆主题文化进行营销的同时，提高城乡物质文明、政治文明、精神文明的发展水平，促进国家富强、民族振兴、社会和谐是行之有效的途径。

公益性文化活动按照公益性的原则，本着为大众服务，为社会发展服务的宗旨，坚持把社会效益放在首位的同时，为经营活动打造营销市场的局面。经营性文化活动既要满足了人们的精神文化生活需求，又要符合社会主义精神文明建设要求，还要适应社会主义市场经济发展规律，本着诚实守信经营的目的，争取经济效益最大化，为公益性事业的发展提供保障。商业经营已经成为博物馆保持生存发展的必然途径，是实现博物馆经济增长的主要渠道。随着文化市场的成熟，国家规范措施的完善，竞争规则的理顺，对博物馆经营性的开发前景，具有巨大的推动作用。因此，博物馆恪守主题文化与社会相结合，按照为社会发展服务的公益性原则，坚持公益性文化事业与文化产品推销相结合，坚持社会效益和经济效益的统一，以实现博物馆的长远发展。

博物馆事业的研发不仅可以满足自身的需求，也可以直接或间接地拓展经营市场，增强经营活力，达到社会效益和经济效益最大化。如何处理好博物馆社会效益和经济效益二者的关系，这是所有博物馆人思考解决的问题。要赢得社会的认可，必须在社会上树立自身的良好形象，这是一种重要的社会资源，它影响着市场的竞争力和社会效益。要取得经济效益，必需始终要把观众的利益放在第一位，只有激活资源潜力，强化经营意识才是博物馆持续发展的根本出路。为此，博物馆事业的发展，既要提高大众的文化品位，重视公共设施建设的投入，完善公益性文化事业，以满足大众日益增长的精神文化需求，彰显公益性文化事业的魅力，又要依靠政府的支持，引导文化消费，培植新的经济增长点，永葆文化市场经久不衰的生命力。

总之，要健全完善公共文化服务体系，大力发展公益性文化事业，为广大群众提供更多的文化宣传阵地和休闲娱乐场所。对于博物馆来说，进入市场以后，在经济成为文化后盾的同时，文化也给经济以强有力的支撑。博物馆的公益性担负着为社会发展服务的功能，博物馆的经营性担负着为博物馆生存与发展的保障功能，公益性是经营性的基础，经营性反哺公益性，博物馆的公益性和经营性是相互支撑、互为依存的。在博物馆未来发展的进程中，博物馆的公益性和经营性将交相呼应、相得益彰、和谐统一。

博物馆文化是串接传统文化与现代文化的时空隧道

时空隧道，顾名思义就是从一个时间一个地点的坐标，到另一个时间另一个地点坐标的通道，它所指的时间与空间具有方向性和可逆性，它有可能回到遥远的过去或进入未来，是串接时间与空间多维延伸的、无极无垠的虚拟长廊。当今世界正处于极度变化的年代，二十世纪以后新建的各种类型的部分博物馆，为满足观众追求感官和视觉的冲击力，审美时尚的欣赏力，在它的建筑设计、展陈艺术设计主题的构思上，都利用时空隧道的设计理念，来吸引观众身临其境的感官视觉效果为参观时尚的焦点。所以它作为当代社会现代人的一种时尚风向标，充分体现了现代人对远古历史的追根溯源和对未来发展前景先知先觉的渴盼欲望。

中国文化随新中国的同行，社会的进步，生活的变迁，审美水平的提高，与新时代共鸣，已经走过60余年的风雨历程。文化是一种社会现象，是人们长期创造形成的产物，同时又是一种历史现象，是社会历史的积淀物。既然文化是人创造的，那么人是文化中最重要的因素，如果没有人接受教育的学习吸收，也就没有了文化存在的必要。文化是民族精神底蕴的沉淀，是一切思想、观念形成和一切理论孕育、成长、发展的肥沃土壤。教育是文化延续和学习的载体，是学习范畴的总和，学习是实现教育的基本途径，所以教育是实现提高意识形态和上层建筑的形而上学。博物馆作为实现教育目的的重要载体，它承担着不可推卸的枢纽作用。

一、博物馆文化是对传统文化的海纳百川

传统的厚重与深刻，使其流传久远虽经岁月的消磨，但仍能给人以新的

触动与感悟。传统文化是世代相传具有民族特点的人类在社会历史发展进程中所创造的物质财富和精神财富的总和，是一个国家民族在长期社会实践中所积淀的物质文明和精神文明的文化遗产，也是民族特有的思维方式和精神体现。传统文化是中华民族几千年悠久文明历史的延续，是我们继承和弘扬民族文化的根基。

中国传统文化的博大精深、源远流长及其对民族精神的深刻影响，决定了任何外来文化，都不能撼动其在人们精神意识中牢不可破的归属地位。外来文化只有在文化精髓上能与之相通，并能与之和谐相处的前提下，才有可能与之交流融合。随着社会的不断进步和发展，传统文化是不可能退出历史舞台的，不能让我们的后代忘记了自己民族的荣辱史，不能抛弃祖宗前辈留下为我们所用的有价值的东西，更不能伤风败俗我们的传统美德。所以对传统文化的传承和弘扬是当今社会教育机构的重任。

为了求得见证时间的连贯性、历史的延续性、时光流逝的社会历史变迁，就需要有一个专门的渠道机构记载历史以流传百世。记载历史自古以来先人们就知道做这件事情的必要性和重要性，各个朝代利用自己的文字和记事方法，记录书写着自己这个时代的大千世界。从拴绳记事符号开始，到各种文字的进化演变，由部落长老指定专人，到朝廷里设有担任书写史记、史札的史记官员，还有名人名著的记载收藏，还有各行各业记事书籍的记载，还有收藏保存物品的藏宝斋、聚宝阁等，这些都是图书馆、博物馆雏形发展的轨迹。

在近现代，既有历史学家的书写史记的记录及各种专业书籍的记载，还有个人爱好者的记载收藏，更有各类专题的博物馆、纪念馆以直观、形象的实物记载收藏。早在晚清时期，我国博物馆事业的鼻祖张謇先生就创办了南通博物苑，提出“公诸天下”的博物馆观，办苑宗旨就是启发民智、改造社会、救亡强国，并着重于强调博物馆是办教育、启民智的起辅助作用的社会教育机构。他的办苑宗旨一直传承至今，使博物馆的社会使命和责任意识更加自觉，使博物馆教育与社会公共教育的结合更加紧密。

改革开放以后，博物馆如雨后春笋般蓬勃发展，数量骤增、类别齐全。而且随着社会的进步和发展，博物馆作为社会公共文化教育载体，在提高公民素质、改变社会风气、促进社会和谐、推动经济发展的各个领域所发挥的功能和作用中，已经形成不可小觑的博物馆文化。其办馆理念不断与时俱进，它所陈列展示的内容极具史料价值、研究借鉴价值和欣赏收藏价值，并用现代化高科技展示手段还原、陈述、展示历史，将历史客观、直观、形象生动地娓娓道来，再现社会历史长河背景下所流传下来的精神的、物质的宝贵财富。

博物馆是人类社会发展的产物，它离不开社会“大众”主体的支撑，离开了大众，就脱离了社会，就失去了它存在的价值，它是人们了解“过去、现在、未来”学习知识接受教育的社会课堂。过去，由于收取一定的费用，只局限于具有一定经济收入的群体。但随着社会的进步与发展，人们的物质需求得到极大的满足，而人们追求精神文化享受的意识日益迫切。为此博物馆为了适应社会的发展，为了极大地发挥社会教育功能，为了落实科学发展观实现“以人为本”持续发展，构建和谐社会，博物馆脱去厚重包裹的禁锢，打开心扉来倾听社会大众真诚的诉求，敞开怀抱来接纳所有的观众，肩负着社会教育机构的使命，履行着提高全民素质的责任，陆续实行向全社会免费开放的举措，取得了极高的社会效益。

博物馆文化是在博物馆发展进程中逐步形成和培育起来的，是具有博物馆精神的发展战略、经营思想和管理理念，是每位员工普遍认同的价值观、道德观和行为规范，是对传统文化的延续和传承的载体。博物馆作为社会教育的重要机构，他承载着衔接“过去的”“现在的”和“将来的”文化教育内涵的传承和弘扬的责任，它具备综合性的教育功能和作用，包括政治、经济、军事、农业、文学、艺术等，还包括自然生态、环境变迁、生活常识、生理常识等社会发展和进化的历程，因此可以称为包罗万象的“博物馆”。中国传统文化的传播，需要博物馆收藏、研究、展示等各种功能，全方位地实现其博物馆文化对传统文化的海纳百川。

二、博物馆文化是继承传统文化，推陈出新现代文化的载体

中国几千年延续的悠久历史，是中华文明史积淀的宝库，我们应该把它发扬光大保护流传下去。一个国家综合实力的体现，是一个国家教育实力

的强弱是重要的参数之一。教育是一个国家、城市、地区文明程度的重要标志，体现在人的综合素质、经济发展速度、生态环境、社会治安、公共文化设施数量等多方面，其中公共文化设施包括博物馆、纪念馆、图书馆、音乐厅、体育馆、文化馆等。一个城市如能拥有多座不同特色、不同内容的公共文化场所，那么这个城市的文化底蕴就会自然显露出来。博物馆是实现社会教育的重要载体，是辅助和发展现代教育强大的智力支撑和物质保证，它荟萃了传统文化和现代文化精髓的宝贵资源。

博物馆是人们通过文物与历史的对话，穿越时空的阻隔，俯瞰历史风云的超大视屏，是通过文字、照片、文物、图表、模型、绘画、雕塑、景观等展示方式，以声、光、电等现代化科技展陈辅助手段，并不断改进和提高陈列水平，提高博物馆文化的内涵和品味，增强博物馆教育吸引力和感染力的人文平台。从展览的字里行间、文物背景里蕴含着许多可供反复咀嚼的人生滋味和社会众生相，使我们在参观后赏心悦目之余，精神得以砥砺，境界得以升华。为此重点加强专题性特色博物馆的建设，增加馆藏数量和提高馆藏质量，不断提高办馆水平，鼓励社会力量兴办各种特色专题博物馆，鼓励私人馆藏向社会开放的推动力度，以获得全社会的普遍认知、认同和鼎力支持，是我们博物馆人为之奋斗的目标。

我们将文化发展作为一个城市和地区提高文化内涵和品位的主线。在文化上，博物馆是一方水土创造历史文化的归宿；在教育上，博物馆是一种地域精神文化的聚集与弘扬。为此城市文化的个性与教育的丰富性可以借博物馆的载体展现出来，而博物馆为推介博物馆文化和扩大博物馆教育的覆盖面，提升城市的文明程度，应积极实施推动“走出去、请进来”的开放战略，促进多层次、多渠道双边与多边对内、对外文化交流与合作。建立健全对内、对外的文化交流机制，加大开发建设文化旅游资源整合的力度，大力推介博物馆主题文化游、开发红色旅游文化、绿色生态旅游文化及工业文化游等。加强文化旅游基础设施和服务设施建设，着眼于满足人民群众日益增长的精神文化需求。弘扬以爱国主义为核心的民族精神和以改革创新为核心的时代精神，传播科学知识，引导人们树立科学理性精神，提高公民的道德素质，在全社会形成良好的社会风尚和公共秩序。

中华民族的智慧建立在中华民族五千年文明史的基础之上，是建立在吸收全世界先进发达文化成果基础之上的精神财富。精神属于意识形态的范畴，它是一种催人奋进、勇往直前的无形力量的支柱。因为只有在掌握前人积累的文化成果的基础上，扬弃旧义、创立新知，才能提升社会文化自觉、自信、自强的民族品格，所以我们所提倡的传承，既不是对所有旧传统的复归，也不是将历史上所有存在过的东西都留下，而是要在留存的传统中创造出符合现代社会发展的新文化。这个新文化是民族的、科学的、大众的文化，是历史长河中闪光的星座，才具备资格能进入博物馆，它们不会成为我们的负担，只会成为我们的财富，博物馆无论大小，最重要的是历史、文化留给后人。

为此，我们从多重视角对传统文化进行探寻，首先我们从现代文化教育的角度和地位来阐释传统文化的现代价值，它的精华与糟粕的地位旗鼓相当。它的精华为我们传承和研究发挥了推陈出新、承前启后、追根溯源的作用，它的糟粕为我们提供了警钟长鸣、少走弯路的急刹车提示。虽然当前我们的学习和教育还带有一定的应试培训色彩，但我们应该自豪地说，每个人接受教育是从强制到自觉，读书是从被动到主动，开拓创新是从一枝独秀到百家争鸣，毋庸置疑，教育取得的成就在我们国家的建设中是卓越的。

其次我们从博物馆文化对传统文化收藏的功能来探寻，传统文化担负着记录、拷贝、储存历史的任务和使命。而博物馆文化担负着对传统文化的复制、还原、下载的功能，客观、真实地还原了历史真相，公平、公正地将历史的真善美、假恶丑的是非给予评述和判断。为此对于传统文化，我们应该按照取其精华、去其糟粕的原则，陈述事件、记载史实，使其成为博物馆文化教育强大的智力支撑和物质保证的基石，而博物馆文化则有权利和义务筛选传统文化的精华公之于世。当然任何事物都有它的尺短寸长，任何一种文化都包含着深刻的两面性，所谓精华和糟粕往往是纠结在一起的，是相对的，在特定历史时期，有可能发生互相转化。

文化无处不在，但文化教育的质量是关键。中国的教育发展已经进入跨越阶段，迫切需要正确的教育理念、适宜的教育方法和工具以及卓有成效的行动，这将极大地改变人们的思维模式和行为方式。然而，由于社会的飞速发展，知识的不断更新，人们怕被时代所抛弃，好学的人们迫于形势的无奈，甚至可以说是急功近利，出现了对信息良莠不辨、无所适从、难以取舍的境况。所以如何拨乱反正回到正确的方向和轨道上来，成为现代教育责无旁贷的任务。

现代文化关注社会问题，在当今世界大发展的趋势下，文化的撞击、渗透、交流是不可避免的。所以针对社会发展的需求，积极开展以提升人的文明素质、科学文化素质为核心的社会主义精神文明建设和物质文明建设是博物馆工作的要务，重点投入重大文化设施和公益性文化项目，加强实施公益性的力度，深入社会，融入社区文化、校园文化、外来工文化等基层群众文化活动，调动群众自愿参与各种文化活动的兴趣和热情。

在文明社会中，当许多人的追求以金钱为中心时，高雅文化的存在与发展则步履艰难。而文化一词又以极高的频率出现在当今社会的各种传媒中，如饮食文化、酒文化、穿文化等，但这些文化是以营利为目的，缺少高雅文化的阳春白雪的品格。人们在为衣食生存的奋斗中，许多人不能辨别什么是真正的文化载体，什么是文化垃圾，扰乱了人们辨别是非的能力。但文化对于人的作用就是教化，教育就有道德教化的责任，所以博物馆教育就担任着提高公民道德素质强制教育和自我教育的重要责任。

我们只有不在物质追求中盲目舍弃文化传承，不在文化选择中妄自菲薄，不再沉迷于过度商业化带来的虚假文化繁荣，真正用心聆听自己血脉中不休的民族之音，才能提高我们的软实力。人们只有不断地学习挖掘优秀的传统文化知识和掌握日新月异、推陈出新的现代文化知识，才能不被前进的历史洪流所淹没。

中国的传统文化要走向现代文化，既要保留其厚重的底蕴，又要吃透、吸收其理论和研究方法，并要把吸收的理论精华和研究的成果灵活运用到现代文化，才能为中国传统文化的发展做出实实在在的贡献。传统文化与现代文化的碰撞与融合，在一定程度上将消除其文化中的不足，只有在传统文化的知识资源中，开拓研究、推陈出新注入和产生新的文化内容，才能实现文化的融合发展。现代文化作为社会历史发展与时俱进的产物，它将博物馆文化客观、直观、生动形象的朴素语言所蕴含的深刻道理，升华为激发人民群众开拓创新、创造历史的智慧和力量。

三、博物馆文化承担着传统文化与现代文化承前启后的桥梁作用

任何事物的发展都要顺应社会发展的动力而符合时代的潮流。文化的发展也不例外，由传统步入现代，就是用现代的理念和方法重新阐释传统文化，以现代引领传统，改造传统，超越传统，使其文化的内核既是中国的又是世界的，才能被后人所瞩目。人类社会发展到今天，我们早已不再是单纯的生物个体，而是作为一个社会人出现在社会面前，每个人的个体行为都在影响着社会的发展与进步。我们处在现代化高科技飞速发展的时代，文化已经粉墨登场在扮演着越来越重要的角色，也释放着越来越高的能量，老百姓对文化认同的自觉参与意识也在日益提高。

如今家庭是人类最早无意识参与的组织，也是最初有意识启蒙塑造人的环境雏形，它对一个人的影响将终生如影随形的陪伴左右。当今世界日趋全球化，全球化既是一种经济走向，也是一种文化走向。当全球文化的交流交锋开始波及最普通民众生活的时候，传统文化的传承开始面临各种文化思想侵略的威胁，面临各种欲望的强烈冲击和挑战。传统并不是一些人眼中所谓的“老古董”，而是取之不尽、用之不竭、常学常新的宝藏。收藏传统是当代人的一种失落与怀旧的情结，怀旧与失落让传统的东西留住并成为一种时尚。所以，应把继承传统文化与现代文化的发展趋向联系起来，现代文化是对传统文化与时俱进的传承与发扬，它们是一脉相承的。只有深刻地认识过去，才能理解现在所发生的一切，才有助于选择一条正确的前进道路。

随着社会的进步，我们不否认随着人们物质生活水平的日益提高，人们对现代文化的推崇和追求的渴望度急剧攀升，他们追求新奇、探险，寻找刺激。毕竟人是一个生物体，是一个普通平凡的人，首先要达到吃得饱、穿得暖衣食无忧的程度，其次才谈得上对精神世界的追求。如今我们发现在中国经过几十年的改革开放之后，在相对以往日渐优裕的物质生活条件下，在相对以往越来越开放自由的思想环境下，在外来文化强烈的冲刷碰撞下，新生代的人群中骨子里传统的东西逐渐淡化，这不是我们社会教育机构所希望看到的结果。

我们不排除人们可以用多种方式将现代需求据为己有，但毕竟思想禁锢的年代已经过去，我们对自己的信仰和自己认同的主流价值观有着坚定的自信。轻视历史不仅意味着数典忘祖，而且意味着否定自身存在的价值。如果我们的后代也以轻视历史的态度来对待这个时代，那么我们这一代，甚至上一代人做出艰苦卓绝的努力将变得毫无意义。

古往今来，中国悠久的历史和灿烂的传统文化，吸引了中外无数人虔诚向往的心灵。他们本着弘扬历史，挖掘历史文化遗存，振兴现代文化的原则，以捍卫华夏文明之尊严，责无旁贷地承担着传统文化与现代文化的和谐共融、求同存异、共同发展的重要使命。传统教育的盛衰，既有其自身规律的制约，又关联着时代需求的变化。应该看到，时代和社会发展的根源，系于人民群众的需求，文化教育发展的根源，亦紧紧与人民的需求联系在一起，因此要坚定不移地走人间正道。

要做好对传统文化的收藏保护、学习研究、继承发扬，就要从娃娃抓起，把未成年人思想道德教育、传统教育、现代化教育放在重中之重的地位，紧紧抓住学校、家庭、社会教育的三个重要环节，针对当代青少年身心成长的特点，建立教育机制，创新教育方式，整合全社会资源，构建完善青少年教育网络。从幼儿园、学校的基础教育入手，把传统文化教育与现代文化教育一并列入基础教育的必修课程，让他们从小爱自己的国家、爱自己的民族，将来成为建设祖国、保卫祖国有用之人。

随着信息渠道多元化及网络的盛行，人们接受教育的方式和途径也在日新月异，现代文化以高科技模式给传统文化注入无限生机和活力，让人们对现代高科技文化知识的学习有了耳目一新的全新感受，成年人和老年人的学习教育异军突起。学习的渠道从传统的面授到函授电大远程教学，又到计算机的互联网络教学，而且学习教材也从传统的纸质书籍发展到可看、可听的电子书。在第六届中国国际文化产业博览交易会上，我们天津市的展团首次推出3D图书、3D电影、3D游戏等一系列国内领先的文化项目，充分展示天津丰富的文化资源和发展成果。

21世纪是决定我们文化兴亡的转折点，我们最大的收获是把年轻人的热情调动起来。因为任何文化，如果没有年轻人的参与，就不会有生命力。

在现代社会中，传统文化教育在现代文化教育系统中有被忽视的趋势，现代人要对自己的文化根基有基本的认识，一些朴素的语言往往蕴含着深刻的道理，一些看似平常的事要做好往往很难。

为加快文化发展的步伐，把握时代的脉搏，现代文化在传统文化的基础上古为今用、推陈出新，以发展的全局性、前瞻性，实现文化与经济、政治等各个领域的社会协调发展。现代文化追求创新，创新是一切新生事物产生和发展的灵魂。我们要弘扬现代文化开放、包容、创新的优势，学习借鉴优秀民族传统文化含蓄、朴实、严谨的精髓，认真贯彻科学发展观，推动文博事业和谐、持序、健康的发展。

人类在社会实践中创造文化，并在实践中不断革新与丰富它，所以不能把传统文化简单归结为“过去的历史”，而应该认识到它同时关系着现在与未来。一部五千年文明史证明，我们中华民族历来强调在保护自身文化为主的基础上，融合其他民族的优秀文化为我所用。因此在这场文化的角逐中，中国既要有海纳百川的开放胸襟和博大胸怀，又要坚决捍卫我们自己的传统文化。所以在今天这样一个价值多元的年代，不论社会怎么发展，不论经济怎么繁荣，我们都要传承民族优秀的传统文化，创立和形成符合社会发展的现代文化。

“敢上九天揽月，敢下五洋捉鳖。”毛泽东主席的诗句生动形象地证明，历史是劳动人民创造的。历史是有灵性的，要懂得理解、欣赏和创造，否则创造力就会逐渐丧失。在高速发展时代，要提醒人们关注心灵、环境、传统的呼唤，让我们在工作和生活中找到平衡的支点。

美国文化哲学家怀特说过：“文化是一个连续的统一体，文化发展的每个阶段都产生于更早的文化环境。”文化在发育过程中，必须按照文化发展的规律运行。传统文化在一定条件下，可以转化为符合现代需要的新型文化，但这种文化的转变需要社会实践，只有将传统文化与现代生活相结合，才能使之适应时代发展的需求。一个成功的现代化国家，一方面要学习外国的先进文化，一方面要对本国的文化进行改革创新。

历史的演变在为人类的进步书写着一份闪光的记录，那就是坚守与创新、传统与超越。博物馆文化作为衔接传统文化和现代文化的桥梁和纽带，时代呼唤我们踏踏实实从事博物馆教育工作以及默默地为博物馆事业呕心沥血的同仁们，在我们有生之年以对社会发展有所贡献为期许，通过持之以恒地不懈努力，实现博物馆教育的可持续发展。

革命类纪念馆文创产品发展经营中的几个问题

随着党和国家高度重视红色旅游，并致力于15年的纵深发展，已经形成了全国红色旅游发展大格局。据调查，踊跃参加红色旅游的观众几乎涵盖了全社会各个年龄层和职业群体，其中青少年学生占三成以上，入境参加红色旅游的人数也不断增多。吸引他们的不仅有红色旅游的精品展览，还有融合了红色文化元素的文创产品。这类文创产品能够引起他们的情感共鸣，满足他们的精神需求，他们情愿为红色文创产品“埋单”，将红色记忆带回家。然而，革命类纪念馆红色文创产品发展经营出现创意缺乏、种类单一、滞销等问题，对革命类纪念馆文化产业的发展产生了一定的影响。

一、红色文创产品开发缺乏创意

“文创产品是艺术衍生品的一种，它利用原生艺术品的人文精神、美学特征、文化元素，对于原生艺术品的重构和解读，通过设计者对地方文化的理解，将地方文化元素与产品本身的创意结合，形成的一种新型文化创意产品。”[1] 2018年适逢文旅融合的利好契机，为革命类纪念馆的创新发展搭建了舞台。随着人们物质生活的极大丰富，“红色旅游+”寓教于学、寓教于乐的旅游休闲模式逐渐成为人们的首选。革命类纪念馆的文创产品作为红色历史文化信息的载体，已经形成被人们所接受的艺术衍生品，成为人们旅游休闲文化活动中理性消费的重要内容。它成为串接人们生活旅程轨迹的坐标，伴随人们踏出馆门、走向社会乃至走出国门，它是城市文化乃至国家文化的名片。

（一）文化内涵不足

文化是民族的魂，在实现中华民族伟大复兴中国梦的征程中，大力弘扬红色革命文化，从中汲取昂扬奋进、团结拼搏的精神动力，具有重要的现实意义。文创产品作为博物馆、纪念馆的重要名片之一，它的创意开发和推广经营也已经成为重要的业务工作内容之一。对于革命类纪念馆来说，着力研究和挖掘革命类纪念馆为社会发展服务的功能和潜力，满足社会多元化发展的需求，从而增强红色教育基地对社会的吸引力和感召力。为此，弘扬和传承中国共产党独具的红色革命文化是它突出的主题，其与主题契合所衍生的文化创意产品，也必然要突出独具的红色革命文化主题，要包涵红色革命文化元素。

红色革命文化是革命类纪念馆社会宣传教育的魂，它的社会教育公益形象是不容“褪色”的。在革命类纪念馆社会教育系列活动过程中，必须为传承和弘扬红色革命文化注入新动能。革命类纪念馆不论展馆规模大小、接待观众数量多少，必须要具有本馆特性的、独一无二的、别人不能临摹使用的、独家“代言”的文创产品。通过调研发现，在大部分革命类纪念馆服务中心琳琅满目展示的文创产品中，独具本馆特色和文化内涵的文创产品寥寥无几，甚至是空白。而由本馆自主研发的文创产品也是屈指可数，甚至是没有。

故宫博物院前院长单霁翔指出：“文创产品要能平衡游人的需要和游人的参观感受，这个平衡是要充满智慧的。我们过去的商店充满商业气氛，但博物馆的商店必须充满文化气息。”如果一件物品，没有被特定的文化内涵、外观形象、实用价值等方面的设计界定，那么它就是一件触手可得的普通物品，观众不会被它所吸引，也不会激发观众购买消费的欲望。所以，革命类纪念馆文创产品的开发，必须以展览主题内容和革命文物为依托，凝练升华红色革命文化主题，彰显主题特色，将传统与现代时尚相结合，将个性化与欣赏实用功能相结合，复制衍生创意设计独具特色和文化内涵的红色文创产品，是我们不懈的追求。我们生产红色文创产品的目的，是为了打造每座革命纪念馆独具特色的品牌产品，也是为观众留存红色革命文化记忆的物证，提高纪念馆的传播力。为此，要以观众的需求和消费能力水平为重要参数，要将红色革命文化元素与实用功能融合创意设计相得益彰，不断开发设计推出观众喜欢的文创产品，并根据销售情况，进行创意革新和产量的调整。

2018年平津战役纪念馆为贯彻落实《天津市文化广播影视局关于推动文化文物单位文化创意产品开发的实施意见》的要求，作为全市三家文创产品试点单位之一，抢抓试点工作的大好机遇，经过市场调研招标专业的设计研发团队，设计了平津战役纪念馆的独特标识，弥补了自开馆以来文创产品没有“御用”标识的空白。遵循“挖掘平津元素，突出军事特色，成系列、多品种，符合当代审美需求”的总体原则，采取品质高、质量优、价格廉、的商业模式，推出“为了和平”“平津战史”“全民国防”和“学生用品”等四大类原创文创产品。每一个系列依托馆藏文物，挖掘平津战役文化元素，突出庄严、凝重特色。在分析观众需求的基础上，推出工艺品摆件类、文具类、益智类、生活用品类、明信片类、纪念币类等实用性若干商品种类，做到种类繁多，琳琅满目，特色鲜明。丰富了文创产品的种类，提高了文创产品的品质，使平津战役纪念馆业务经营工作取得突破性成果。

（二）缺乏知识产权保护意识

知识产权保护就是使用法律来保护个人和企业取得所拥有自主知识产权专有性的智力成果，它能够调动人们的创造主动性，能够为企业带来巨大经济效益。各行各业已经意识到并高度重视品牌效应、高新技术、商业秘密等无形财产，对行业竞争和市场经营所带来的巨大作用。这些无形资产逐步增值，则有赖于知识产权的合理保护。为什么要特别强调知识产权保护？以往由于资金、人才等资源的制约，革命类纪念馆的文创产品在市场中缺乏竞争力，特别是面对知识产权的侵权行为时往往会束手无策。为此，文创产品的知识产权保护意识开始有意识的高度重视。其实主要是为了强调必须有知识产权保护的法律意识，特别是要有本馆的logo（标识），来保护自己设计出来的文创产品所有权，力争杜绝复制模仿造假产品。

积极采用知识产权保护的措施，包括设计专利权、产品商标权等，使知识产权保护真正成为驱动文创产品创新发展的“催化剂”。由于各个馆销售的文创产品，无论外观设计款式，还是实用功能等基本上大同小异。若没有各自的标识，观众买回家中，如果自己不做标记，经过一段时间的沉淀，会出现失忆混淆的尴尬。面对现实，革命类纪念馆的文创产品与历史遗址类博物馆相比，确实存在一定的差距，如秦始皇兵马俑博物馆的兵马俑、甘肃省博物馆的马踏飞燕等，马踏飞燕的铜奔马已经成为中国旅游的徽标。它们各自独具的历史文化内涵，独具代表性的文物，是其他场馆景区不能复制使用的，是一个馆、一座城市乃至国家的国宝，是知识产权保护的范畴。所以，革命类纪念馆一定要在自己独具的文化内涵和代表性文物上出创意的文创产品，并且要在产品明显的位置上，标记具有本馆形象的标识。

为确保研发文创产品形成独有的文化品牌，逐步增强其品牌无形资产的含金量，全国重点文博单位已经走在前列，为我们做出了榜样。2018年平津战役纪念馆虚心学习兄弟单位的先进经验，采取独家授权、申请专利等方式，加大知识产权保护，杜绝侵权、仿制现象的发生。一是依托平津战役纪念馆文化元素，设计制作我馆的VI品牌识别系统，强化我馆对外整体形象。二是完善品牌授权，在资源享有、研发、设计、生产等各环节，加强对具有平津战役纪念馆文化元素特征的原创产品和文化创意品牌的法律保护。三是完善商标注册、专利申请、软件著作权登记等，有效提升原创产品的品牌创造、运用、保护、服务和管理能力，增强纪念馆文创品牌的核心价值、市场地位和竞争优势，最大限度地维护纪念馆的权益。四是在每件产品上印制logo、二维码、展馆介绍以及相关文物信息，扩大纪念馆的宣传影响力，增加销售量。

（三）缺乏文创设计人才

“人才是第一资源，也是创新活动中最为活跃、最为积极的因素。”[2]当下，一部分革命类纪念馆文创产品设计人才不足，导致独具本馆特色的原创产品屈指可数，甚至没有，是造成文创产品核心竞争力不足的主要原因。革命类纪念馆的文创产品基本上属于相互之间借鉴的复制品和仿制品，要改变这种局面，就要通过红色文创产品，来获得社会对革命类纪念馆的眷顾和青睐；必须高度重视文创产品的研发工作，就需要结合各自独具的文化内涵和代表性文物进行创意研发，更需要高水准的文创产品研发人才；必须高度重视研发人才和市场营销人员的培养，组建研发机构，招贤纳士，以期提高文创产品的研发、生产、销售的速度。

发现人才，引进人才，重用人才，已成为世界各国科学技术竞争的关键。引进人才很重要，培育人才更重要，为优秀人才提供工作发展相应的配套政策，让人才引得进、用得上、留得下，以应对文化发展和文化品牌升级运营带来的全新挑战，是提升文创产品优化升级的关键。优秀设计者的创新设计能力绝不能是闭门造车、向壁虚构的主观臆造，而需要聚四海之气、借八方之力，激发创新激情和活力，搜集市场信息、征集设计样本，需要开发设计生产具有本馆独具的文化内涵、收藏价值、艺术欣赏价值的高品位文创产品，来丰富和满足人们不断提升的消费需求。

优秀的设计人才是加快产品创新的有力支撑和保障，创新发展需要营造尊重人才、尊重知识的良好氛围，笃行创造良好潜心研究的条件。革命类纪念馆应该本着深入发掘馆藏文化资源，推动文化创意产品开发的目标，强化文创专业人才培养，营造自由创作交流的氛围，以海纳百川的姿态，急需培养具有创新思维、文笔好、思维活跃及擅长策划创意的人才，急需引进对当代观众审美需求、消费水平有深刻认知的创意设计和营销人才加盟。

二、文创产品的滞销问题

（一）定价过高

社会发展的基本宗旨是人人共享、普遍受益，从而推进社会基本公共服务均等化，这是实现人人共享社会发展成果的必然选择。革命类纪念馆自面向全社会免费开放和红色旅游启动以来，确实将低收入群体吸纳成为博物馆纪念馆庞大的观众源，原来让他们望而却步高票价的博物馆纪念馆，如今可以甩掉经济负担的压力，尽享均等化的社会公共文化服务权益。革命类纪念馆为了做好接待服务工作，一是出精品展览吸引观众，二是提供以人为本的服务设施，三是打造舒适的参观环境，四是强化主动服务意识提高接待服务水平，五是推出与展览匹配，能辅助观众对展览认知的红色文创产品，来满足观众的消费需求，来满足观众留住记忆的见证。

对于任何商品来说，曲高和寡的高价位会让消费者望而却步。对于革命类纪念馆的文创产品而言，最受观众普遍欢迎的文创产品，基本上都是居于中低价位的产品。它们在内容上具有一定文化内涵、寓意，在外观造型上新颖别致、有欣赏收藏价值的，再就是具有一定实用功能的。影响文创产品定价的因素有：一方面是革命类纪念馆产品研发队伍不健全，研发能力有限，需要招标合作伙伴来完成。由于知识产权或申请专利都需要一定的费用，所以使文创产品的设计费用偏高。另一方面，由于制作产品模具的工艺复杂，需要一定数量的开模生产，增加了生产成本，都是导致产品定价偏高的原因。

革命类纪念馆文创产品的设计需要符合大众需求、贴近生活，文创产品的定价不能盲目攀高价，不能让观众叹为观止。如今人们普遍的消费心理需求是讲求物美价廉的“性价比”，就是物有所值，优质低价是最佳的选择。文创产品的销量最终需要观众的钱包投票，既是把文创纪念品带回家，也是把博物馆和纪念馆带回家，从而得到广泛的宣传。

（二）销售渠道窄

“大多数革命纪念馆推出的文创产品种类匮乏、数量有限。设计文创产品只是第一步，之后的生产、销售环节缺一不可。通常，经费不足和打通销售渠道是经营文创产品走向市场的最大问题。如今各个文博场馆和旅游景区文创旅游纪念品的销售，还只能局限在各自的纪念品销售商店。”[3]如何宣传推广红色文创产品提高销售量，给消费者一个走过路过而不能错过的心理补偿机会，革命纪念馆的文创产品应该与本埠地标性的旅游产品看齐。如一个城市的土特产商店，它可以驻扎城市的主要商业旺铺，也可以遍布大街小巷连锁网点。

为此，革命类纪念馆为了打开文创产品的市场销路，可以在人流量大的机场、火车站、地铁站、长途汽车站等设置咨询中心和文创产品专卖点，让南来北往的旅客，通过文创产品来了解城市的记忆。可以在各种展销会、博览会、酒店等设置咨询台，使其不仅成为各路文化人才的聚集地，也成为各种思想流派、艺术流派相互交锋、相互融合的场所。可以在各大商业网点、超市等聚集人气较高的地方，设置咨询中心和专卖柜台，可以让更多本埠和外埠的人们及时了解博物馆、纪念馆的信息。可以充分利用互联网的便捷优势增加销售网点，多渠道加大宣传推广红色文创产品的力度，展开网上速递、线下实体相结合的销售模式。2017年平津战役纪念馆建立了网上电商销售平台，取得一定的成效。

（三）宣传推广力度不够

不要认为革命纪念馆已经免费开放，就不需要再宣传，可以坐等观众了。那就失去纪念馆社会存在的价值意义，甚至导致国家公共文化设施资源的极大浪费。从宣传革命纪念馆的角度出发，如何让社会认识你、接纳你，如何提高纪念馆的知名度，宣传推介是革命纪念馆融入社会必不可少的“敲门砖”，尤其是每个馆独创文创品牌产品的宣传。主动出击，本着与时俱进、以人为本的服务理念，以打造文创品牌产品的“点”带“面”，通过不同的宣传渠道，帮助公众逐步、纵深了解纪念馆所蕴含的各种信息资源，吸引更多的公众。

当下便捷的网络技术受到推崇，利用网络技术，扩大宣传覆盖面。尤其是招徕更多热衷于网络应用的年轻观众。通过建立视频网站、数字化纪念馆等，用现代化高科技手段包装革命纪念馆，以纪念馆的时尚形象引领年轻观众时尚健康的生活方式。纪念馆的网站要不断刷新充实新内容，不断推出新创意的文创产品，还可以采用在线征集文创产品作品、博客接龙、填写互动信息等新颖的形式，来吸引众多年轻观众的积极参与，聚敛颇高的人气指数，让我们独特的文创产品吸引公众的注意并借此认识、了解纪念馆。

文创产品市场的发展前景既享有着为优质经营提升的无限可能，也蕴含着社会需求释放的无穷潜力。对于革命纪念馆来说，市场需求是创新研发红色文创产品导向作用的关键，让市场需求真正在创新资源配置中起决定作用，是革命纪念馆研发生产红色文创产品的目的之一。只有在供与需之间搭建桥梁，供给更多更优秀的文创产品，公众回馈更多更高的服务信息需求，双方及时调整形成供需市场，才能在一定程度上实现供需的平衡，实现文创产品销售市场的良性循环。

红色文创产品滞销有方方面面的原因，为此尽量消解滞销的阻碍，从设计创意上要有红色文化内涵，从外观造型上要独特新颖，从价格定位上要亲民合理，从生产制作上要保证质量，从服务意识上要以人为本，推出有内涵、高品质、多种类、价格适宜的红色文创产品，满足不同层次观众的多重选择。同时将文创产品的开发经营推广与策展、推展、教育活动密切结合起来，达到文创产品上线与展览推出同步进行。

三、文创产品的同质化问题

当下人们对价值追求的单一化、同质化现象，在我们日常生活中有很多体现。讲求实惠、注重实效的生活方式和生活态度，让我们处于一个商品世俗化成为潮流的时代，出现出国抢购名牌商品的现象。事实证明，特立独行的人生态度是创造之母，这种人生态度很大程度上将决定我们的生活内容的丰度和深度，并决定这个民族对人类的文明能否提供更多的原创性的产品。

（一）成为小商品代销商

随着革命类纪念馆数量的增长，观众调查反馈是：内容不丰富、陈列形式单一、文物稀少，并缺乏与展览相匹配的红色文创产品。在革命类纪念馆红色文创产品的销售过程中，严重存在着红色文创产品同质化的问题，纪念品商店几乎成为小商品批发代销点。这种现象的出现，一方面，由于大部分纪念馆高度重视展陈和宣教工作，配置人才队伍整齐业务能力强，而文创产品设计研发人才不足，甚至缺乏，所以，自主研发设计独具本馆特色文创产品很少，对于文创产品生产经营状况重视程度不够，缺乏相关人才的培养和引进。另一方面，由于是批发来的小商品，缺乏与展览匹配的红色文化内涵，文创产品的创造力和想象力与展览风马牛不相及，失去了红色文创产品独具特色的魅力。多数小商品价格低廉，制作粗糙、品质低下，在任何一家纪念品商店都能买到，产品没有本馆的标识，也很难纳入观众法眼而取悦观众。

由此，为了弥补我们自己的先天不足，要进一步提升文创产品营销服务品质，杜绝相互之间的恶意竞争，恪守互利共赢的经营理念。服务，就是人与人之之间沟通交流的过程。提升服务品质要端正定位，做好做足对文创产品相关信息的功课，从产品文化内涵的创意宣传，到其产品功能和价值的介绍，都要做好耐心详细的讲解工作。提升服务品质要恪守以人为本的服务理念，具备良好的心理调节能力，以不卑不亢的服务态度、诚恳的文明用语服务观众。提升服务品质还要讲求换位思考，要站在观众的角度，推荐适合他们的相关产品，形成轻松愉悦的沟通氛围，以优质的服务赢得观众的认可和信赖，最终得到观众的满意而归是我们服务的宗旨。

（二）种类、功能雷同

文创产品的设计要突出直观、形象、生动的特性，赋予收藏、欣赏、实用的功能，让观众被它的文化内涵所吸引，让观众被它独树一帜的造型所青睐，从而产生想拥有的意愿，进而有购买欲望。目前各馆文创纪念产品从种类到实用功能，基本上大同小异，没有自己的特点，雷同严重。如：文具系列、钥匙扣系列等，甚至有的连本馆的名称标识都没有，大多来源于小商品批发市场。观众就是在此处没买，到下一个参观景点也能买到，完全失去了纪念品“纪念”的实际意义。

近些年来，文创产品同质化问题已经得到文博界和旅游界的高度重视，文创产品创意要素被提到了重要的首位。在举办几届的文创产品设计大赛中，涌现出一批又一批勇立潮头改革创新的单位和优秀的创意设计人才，推出一波又一波有文化内涵、品质高、质量优、价格适宜独具特色的优秀文创产品，让我们看到了整个文创产品发展的良好前景。如果一件文创产品设计仅停留在图纸上，是没有意义的。只有生产出来投放市场，才能实现产品的各种功能和价值。

举办文创产品设计大赛的目的，一是高度重视创意人才的培养，二是以比赛助推文创产品市场的发展繁荣。创新性、实验性的文创产品，必须在文化内涵、外观形式、制作材料、包装等上下功夫探索，必须兼顾到广大观众的审美欣赏和市场需求的因素，为文创产品后续导入市场做好前期的创意内涵定位、外观设计，和后期的美容修饰、经典巧妙的包装来吸引观众的眼球。事实证明，历史类博物馆和旅游景区在它们独具特色历史文化积淀的支撑下，文创产品独辟蹊径的开发，已经形成领军优势。我们惊喜地看到，这些文创产品与各个馆的文化内涵、主题风格、展陈内容和形式的融合度越来越贴切，凸显文创产品的欣赏、收藏和实用等功能，为观众提供不同品质、品位的文创产品，来适应不同层次的观众，产品一经推出，就受到观众的喜爱。

总之，“经过近些年的发展，可以说中国博物馆文创产品已经从初创到产品规模化、服务规范化的转变，正在向有序适度的个性化产品和服务迈进，逐步与国际接轨。”[4]为此，革命类纪念馆提升红色文创产品的高品质、高颜值、高销量，就要深入社会、深入生活进行挖掘、采集、汇聚和关联分析，从而形成聚集创意研发、设计红色文创产品资源库。未来在文创产品开发上，我们要以集小智为众智，将小聪明变为大智慧来提升创新要素的“熵值”；以聚集创新要素与研发资源有效融合利用，来打造形成系列的、独具特色的、以“撒手锏”绝招取胜的红色文创产品。

参考资料：

[1] 伍忠庆. 文创设计人才培养. 知识力量，2017（9）.

[2] 习近平，在十八届中央政治局第九次集体学习时的讲话，2013年9月30日。

[3] 汪承颖. 文创旅游纪念品频出“爆款”旅游纪念品如何更具吸引力. 解放日报，2018-1-19。

[4] 王傲朗，崔波. 从行为经济学观察博物馆文创. 中国博物馆，2019（1）.

躬行“法治”是博物馆保护文物安全笃于“法制”的保障

在党的十九大报告中，“坚持全面依法治国”被明确作为十四条新时代坚持和发展中国特色社会主义的基本方略之一，充分体现了党中央将全面依法治国向纵深推进的决心和勇气，更加凸显了法治在治国理政中的重要地位。对于博物馆纪念馆来说，坚定文化自信，维护其发展运行、保护文物安全、发挥社会教育功能是一项长期而艰巨的任务。

中华民族拥有五千年文明史，是世界上唯一文明传承未曾中断的国家，然而老祖宗留给我们的精神财富，却遭到破坏、盗窃、盗掘、走私倒卖。部分国民国内外一些不文明的言行举止，甚至不法行为，所造成的社会的乃至国际的不良影响，如果不及时坚决修正治理，将对我们的国家和社会贻害万年。

一、笃于“法制”是博物馆纪念馆保护文物安全的依据

“法制”是一种社会制度，是指一个国家和社会共同遵守的、实际存在的“静态”的法律法规制度，是具有普适性、稳定性和权威性的良法。[1]法典，是对法律法规制度的简称。博物馆纪念馆作为社会教育的重要场所，我们的责任就是要学习宣传贯彻国家的根本大法，运用法律的利器，保护和传承中华民族优秀的传统文化，弘扬熔铸于中国共产党领导人民在革命、建设、改革中创造的革命文化和社会主义先进文化，为实现中华民族伟大复兴的中国梦服务。

1. 亟待健全“法制”，增强社会民众文物保护“法制”意识的需要

习近平总书记指出：“文物承载灿烂文明，传承历史文化，维系民主精神。”让全社会通过文物所承载的中华民族历史文化血脉，坚定实现伟大复

兴中国梦的信念。我国历史悠久、幅员辽阔、人口众多，仅从历史遗存的范围、种类、数量上看，中国无疑是世界范围内远古遗存下来的遗址遗迹遗产最多的国家之一。

“当物质需求达到一定基础后，人们对艺术品的追求、对文化素质的提升，有着强烈的渴望；民间蕴藏着巨大的价值宝藏、巨大的消费需求、巨大的市场能量。”[2]祖先留传财富的价值，因其特定的历史年代厚重感和艺术鉴赏收藏价值的攀升，而散落在民间的文物宝藏，被收藏者们趋之若鹜的追捧和买卖，这也凸显了文物鉴赏收藏价值流通对社会经济影响的重大潜力。由此出现各地兴建文物古玩市场，其中暗涌着文物非法倒卖走私乱象问题的出现。

诸此乱象问题的出现，固然与“法制”意识缺失、藐视法律、钻法律空子，来获取非法收益有关，其对国家财产的损失与对社会产生的恶劣影响必须遏制消除。否则，会将老祖宗留给我们的财富消弭殆尽，也扼杀了文物承前启后的传承作用，直至给国家和人民造成无可挽回的财产损失。

“通过国家的精准立法促进社会文明建设，……以治理陈规陋习、环境保护等与老百姓密切相关的问题为突破点，努力提高民众积极参与的热情，找到立法平衡点，切中百姓关注，使地方立法过程成为增强公民法制意识的普法过程，让法律法规能真正执行到位，使守法意识深入人心，靠法治的力量不断提高社会文明程度。”[3]健全良好的“法制”，能使依法治理的经济社会运行更加有序，能更好地维护社会的和谐与稳定，能更好地保障公民的合法权益。

随着博物馆纪念馆的迅猛发展，健全和笃于“法制”是我们博物馆纪念馆运行发展的基石，强化“法制”的管理宗旨，保障其持续常新发展。为此上从国家相关行政管理机构的设置和相关“法制”的制定，下到博物馆纪念馆依“法制”制定完善的管理规章制度，其功用不仅要保护物质的和非物质文化遗产，也要保护对文化遗产治理的保护成果，来保护国家文物遗产的安全与传承。博物馆纪念馆健全“法制”，还要主动公开接受社会的监督，面向社会大众宣传推广“法制”认知，增强广大民众文物保护的“法制”意识，进而提高全社会文物安全保护的“法制”意识，决不给不法之人留有钻空子违法和规避法律的机会。

2. 亟待健全“法制”，加强专业人员文物保护“法制”观念的需要

加强专业人员的职业道德教育，岗前的爱岗敬业教育和技能培训是不可或缺的。由于不同地区、馆际之间存在着发展水平和管理制度的差异，在博物馆纪念馆内部也存在着专业部门之间规章制度和岗位职责的差异。与文物打交道的专业技术人员，或是有可能接触到文物的工作人员，在收藏、研究和使用的过程中，存在着管理制度不完善，管理有疏漏，执行条例模棱两可；文物安全管理主体责任履职不到位、监管缺失、执行力度不够；收藏保管调控方法不当；移动、修复文物违反操作规程；偶有工作人员监守自盗现象；安防巡查力度不够，技术安防有盲点；工作人员主动服务意识不够，文明服务行为不规范，向社会宣传推广博物馆相关知识的能力欠缺等问题。

倘若存在的文物安全保护问题不立即整改剔除，日积月累将导致文物损坏、被盗，甚至损毁，那将给博物馆纪念馆造成不可逆的损失。倘若是工作人员对岗位职责模糊不清，法律法规一知半解，面对违纪违章违规，甚至违法犯法的做法，无分辨能力、不敢管，那么将导致工作秩序散乱，工作效率低下，制度起不到规范管理的作用，“法制”起不到法律约束的效力。这将有损博物馆纪念馆接待服务形象，降低接待服务能力，影响博物馆纪念馆社会教育功能和作用的发挥，使国家和人民的财产受到损失。

“若有恒，事在人为。”立足对“人”的学习教育和管理，立足对博物馆纪念馆建立健全“法制”对文物安全的依法保护，将有助于所立之法在从业人员的工作实践中，容易被理解、被认同、被遵循、被执行，依“法制”管理促进各项工作的顺利进行，有助于被广大观众接受、理解、遵循，保证观众参观的质量和效果。为此，加强博物馆纪念馆的“法制”建设，强化从业人员职业道德教育，完善安保措施，强化主体责任，对失职渎职行为严肃问责，恪守“法制”自律与“法治”他律的管理模式，加大对违规违纪必惩戒，违法犯法必服法的惩戒力度，融入所有参与者的遵守与执行。

3. 亟待健全“法制”，强化领导干部文物保护“法制”思维的需要

经费不足的问题，可以说是绝大部分国有博物馆纪念馆发展的鸡肋。其中不可抗拒的原因，就是受不同地区经济发展水平的影响，国有博物馆纪念馆发展结构和布局不平衡，运行管理和发展水平参差不齐。就是同城，坐落

在不同的城区的博物馆纪念馆，也是有差异的。造成这种差异最主要的原因之一，就是决策层领导干部管理水平和创新思维能力的差异。众所周知，随着博物馆纪念馆的数量逐渐增加，在国有场馆基础上，相继出现了行业、民营及私人收藏等非国有的场馆。这不仅弥补了国有博物馆种类缺项、分布不均匀和数量不足的短板，而且他们当中有不少在国内乃至国际都有很高的声誉和影响力，当然也有经营半途而废的。他们的经费支撑，令很多国有博物馆望尘莫及、艳羡不已。

经费不足，是目前中小型博物馆纪念馆普遍存在的问题。因为资金紧张，各项工作难以开展，各项活动无法推动，导致有“看仓库”“收摊子”不作为的嫌疑状态。但是不能让安于现状的观念生根，要积极想办法找出路，寻找走出困境的机会。而领导决策层管理和发展理念的差异，是必须要高度重视的，应该是领导干部积极主动转变观念能够解决的问题。领导干部应该解放思想、更新观念、拓展思路，改变看问题的角度，视野就会开阔得多，思维就会活跃得多。依据本馆的实际现状，具体问题具体分析，找准突破口、挖掘潜力，以自己发力、招商引资等汇聚社会力量参与等方式，来改变现状缩小差距。

习近平总书记指出：“守正出新才能历久弥新。……同时让收藏在禁宫里的文物、陈列在广阔大地上的遗产、书写在古籍里的文字都活起来，让其中的精华闪亮起来，为今人所知、让今人所取……”当然为了激活中华民族传统文化的生命力，让我们的文字、文物、遗产都“活”起来，博物馆纪念馆保安全是“刚需”，但不能“守摊”做“仓库”。要全力以赴为它们“活”起来注入生命力，培植肥沃的土壤，打造良好的生态环境，以增强其历久弥新的影响力和感召力。

“法制”的制定和有效实施，让国家和人民的利益落到实处，让“法制”精神深入人心，是我们的当务之急。我们的领导干部，要不辱使命、守土尽责，以高度的政治使命感，以对党和人们高度负责的精神，切实把创新发展、安全稳定工作摆在更加突出的位置。率先奉法，依据本行业的法律法规和管理条例，在民主立法和科学立法精神的指导下，结合本馆的实际特点，汇聚调研民意民智，最大范围、最小限度地制定“法制”管理制度，严格依据“法制”确保博物馆纪念馆管理活动有序化、规范化。

二、躬行“法治”是博物馆纪念馆保护文物安全的保障

习近平总书记强调，只有铭刻在人们心中的法治，才是真正牢不可破的法治。党的十八大报告将“法制国家”改为“法治国家”，这是国家文明进步的标志。“法治”是一种社会意识，是一个国家和社会处于依据法律统治治理的一种“动态”状态，是强调国家和社会依法治理主体的自觉性、能动性和权变性。[4]它只存在于民主制的国家，是所有民主制国家治国的法律准绳，也是我们新时代中国特色社会主义民主法治国家需要的“法治”。“法治”的内涵大于“法制”，法治排斥“人治”，任何人不能凌驾于法律之上。

1. 学法用法是躬行“法治”实施保障文物安全的基础

教育是提高全民族“法治”素养最直接的途径，必须把“法治”教育作为国民教育的重要内容。博物馆纪念馆作为社会教育的重要场所，就要笃于肩负开展学法普法宣传教育的使命，致力于最广泛的全民学法用法社会教育。为严格落实文物安全保护责任制，躬行严密的“法治”安保措施，严防监管疏漏，严打文物犯罪，严肃问责追责，坚决筑牢文物安全保护防线，从而准确把握和应对博物馆纪念馆发展稳定的新形势、新挑战，来契合我国经济社会环境的新变化，具有划时代的重要意义。

博物馆纪念馆作为社会教育的重要场所，为加强保护好和利用好文物遗产，必须自我完善躬行“法治”保障措施。一方面，完善内部管理机制，加强对从业人员“法治”教育，健全和加强对文物管理松散、安保疏漏的问责追究制度，杜绝文物的变质、破损，被盗窃、走私倒卖等不良事件的发生。加强对文物安全保护法律法规的宣传工作，把学法用法教育贯穿于整体社会活动之中。另一方面，发挥社会教育场所的优势，搭建学法用法教育平台，主动接纳全社会共同参与，从与人们密切相关的点滴小事的普遍需求着眼，注重对人感化入心、陶冶情操的品性观念的引导，培养健康向上的道德品质和行为习惯，达到从心所欲、不逾矩的境界。

提高全社会对“法治”精神的认同感、归属感、责任感，主动接受社会

的公开监督，对于非法获取利益而导致的违法行为要敢于曝光，实行群防群治。加快“法治”治馆建设步伐，与全社会的“法治”建设并轨，推动文博事业的繁荣与发展。只有学法、知法，才能做到懂法不违法，执法不犯法；才能激发维护社会“法治”建设的自主观能动性；才能形成良性的“法治”思维方式氛围，提高躬行“法治”行为保障能力。

2. 敬法奉法是躬行实施“法治”保障的准绳

习近平总书记指出：宪法的根基在于人民发自内心的拥护，宪法的威力人民出自真诚的信仰。敬法守法是每个公民道德素养的体现，守法奉法是每个从业人员职业道德的体现，敬奉法律就是要牢固树立宪法法律至上的意识，不仅要做到忠于法律不违法，更要做到忠于职守不渎职。要对宪法监察法及相关党纪国法、规章制度有敬畏之心，要不断培育自身对宪法法律的信仰，不仅要认同、信服，更要敬畏、奉行。

第一，奉法者强则国强，加强文博从业人员履职尽责的“法治”观念。一方面，注重敬奉法律意识的教育，引入工作人员宣誓就职制度，有力地促进从业人员法律意识和忠于职守责任意识的提高。注重自律与他律相结合，推动行业内部自律，强化各行业之间的监管力度，明确责任和义务。对违纪违规、监守自盗等违法犯罪行为，应该采取严厉的行政管理处罚和违法犯罪行为的打击，用“法治”保障场馆和文物的安全。另一方面，注重奉法执法能力的培养，从业人员在依法履职尽责的同时，肩负着向全社会宣传文物保护法相关知识的社会教育责任，宣传倡导在新时代中国特色社会主义思想指导下的社会主义民主“法治”精神，彰显依法治国在实现社会公平正义的权威地位，推动敬畏法律的权威性和奉法执法的严肃性，形成遇事找法、解决问题靠法的工作作风和生活习惯。

由此，文博从业人员必须在历史的启迪和传承中弘扬“法治”精神，增强“法治”自信和“法治”自觉，打造办事依法、遇事找法、解决问题用法、化解矛盾靠法的“法治”生态环境。与时俱进地讲好中国故事的同时，讲好中国法律故事。

第二，奉法者强则国强，提升“关键少数”领导干部履职尽责的“法治”思维能力。习近平总书记强调：全面推进依法治国必须抓住领导干部这个“关键少数”。各级领导干部的“法治”能力的高低，能不能坚持依法办事，对全社会具有重要的示范带动作用。在实际工作中，部分领导干部依法办事观念不强、能力不足，运用法治思维和法治方式的管理水平不高，出现有法不依、以言代法、以权代法、知法犯法的现象屡禁不止。2018年4月16日国家文物局通报：2017年度全国文物行政执法和安全监管工作情况称，2017年全国各级文物行政部门及文物执法机构开展文物执法巡查232103次，发现各类违法行为679起。由此来看，当前我们国家的文物安全保护形势依然严峻。

提高领导干部的“法治”素养和能力，强化领导干部“火车头”的示范带动作用，是推进全面依法治国的关键。领导干部只有在深入学法的基础上，才能提高法治素养、确立法治意识、形成法治思维习惯，才能自觉主动地敬奉法律。领导干部还要增强法治警示教育，通过“以案说法”“现身说法”等形式，增强警示教育的吸引力与针对性，让领导干部在警示教育中受触动、明戒尺，做到自重、自省、自警、自励。注重提高领导干部的法治思维和依法办事的能力，注重发挥领导干部塑造法治信仰、彰显法治权威、发挥法治力量的表率作用，注重领导干部依法决策、依法履职、依法办事的引领作用。

围绕博物馆纪念馆发展和文物安全保护等中心工作，进一步加强对领导干部的“法治”能力建设，积极带头学法守法用法，恪守敬奉法治、依法治馆、服务大局的发展理念，自觉养成依法决策、依法履职、依法办事的良好工作作风。进一步加强对领导干部玩忽职守、非法倒卖、走私文物、非法牟利案件的责任追究和严厉打击，追究渎职人员的责任，打击不法分子的刑事责任。切实提高领导干部运用“法治”思维的管理能力，加强文物保护队伍建设，注重提拔任用责任心强、法律意识强和解决问题能力强的业务骨干力量，为博物馆纪念馆的文物保护工作，把好“守宝人”的用人关，使他们成为文物保护专业研发的带头人。以点带面影响和带动身边的人，引领社会敬奉法律权威、信服法律力量，把公平正义“法治”的力量注入社会，共同做法治中国建设的推动者、实践者。

三、“法治”为博物馆纪念馆创新发展保驾护航

“法治”是国家长治久安、社会秩序稳定和谐、人民安居乐业的重要保证障和可靠手段。社会主义“法治”治理的目的，在于保障维护社会发展稳定良序，遏制不良公害人或事物的产生。不管是“法制”的制定，还是“法治”的实施保障，任何人都没有特权，都不能凌驾于法律之上，充分体现社会主义法治的公平、公正。一个国家和社会实现民主的“法治”，有赖于人们对法律的尊崇和敬畏，只有人们确信公平公正良好的法律，才会自觉自愿地遵守。如果存在有法不依、知法犯法，管理者有选择性地管理，奉法者有选择性地执法，都是对制度和法律面前人人平等的践踏，那么制度与法律也就无从确立和无所适从。

“博物馆在适应社会发展的漫长历程中，形成多职能的文化复合体，最为显著的是其所具备的公共性和教育性。”[5]实践证明，为实现敬法、守法、奉法的需要，必须以“法制”为依据，用“法治”来保障。博物馆作为文化遗产的守护者，其文化遗产不仅反映了当时社会生产和生活的某些方面，而且其中蕴含着对人类和社会发展肩负着某些恒久的推动作用。这些作用的发挥，仅仅依靠约定俗成的规矩约束不够，必须依靠社会主义“法制”的制约，来实施教化传承和研究利用，必须依靠社会主义“法治”的保障，来实现博物馆纪念馆的创新驱动发展，来实现公共文化社会教育场所的功能发挥。

躬行“法治”，保障博物馆纪念馆的良性发展，肩负起利用好、保护好、传承好文物遗产的责任和使命，博物馆纪念馆必须从整体利益和长远发展要求着眼，在全面构建文物安全保护利用“法制”制约的同时，为其搭建全方位的、系统的、与时俱进的完备“法治”保障的壁垒，夯实依“法治”治馆的基本方略，培育“法治”精神，提升“法治”执行保障能力。一以贯之地增强忧患意识，提高防范风险能力，更好地躬行的“法治”，实现有规必守、违规必纠，有法必依、违法必惩。

总之，“法制”中国的构建不断健全完善，“法治”中国的建设不断纵深推进，进一步贯彻落实《国务院办公厅关于进一步加强文物安全工作

的实施意见》。通过“法制”来规定守则制约，通过“法治”来规范保障实施。历史经验告诉我们，传统与传统相遇，引领新潮流；传统与时代碰撞，迸发新进步。文化遗产是传承中华民族传统文化的有效载体，它的价值不会随着年代的更替、社会的变革、政治制度的革新而衰减，它始终是唯一的、永恒的、民族的乃至世界的，具有绵延不断的生命力。这就需要将文化遗产的保护和传承提升到国家文化安全战略的层面去认识，让它为我们“今天”和“明天”的创新发展提供物质基础和精神支撑，让全社会笃于遵循“法制”、躬行执行“法治”的思维和行为能力全面有效提升，让守法者更安心，对违法者的惩处更有力。

参考文献：

[1] 良法：即良好的法律法规制度的简称。

[2] 付裕. 艺术品市场在转型升级. 人民政协报，2017-09-07（宝藏版）.

[3] 汪瑜佳，用良法呵护文明，民革中央“精准立法促进社会文明”调研综述。

[4] 权变性：是指社会依法治理主体，在处理解决问题的过程中，要根据事件、时间、地点、人的不同灵活变通，具体问题具体分析，采取不同的管理方法。

[5]张硕. 观复博物馆追寻“景泰蓝前世今生”. 人民政协网，2017-09-08.

博物馆坚持公益性与扩大经营性相结合是社会发展的必然要求

随着社会经济的发展，人民生活水平的不断提高，人们对精神文化的需求亦不断加大。博物馆作为提高全民整体素质的社会教育载体，为了让社会文明程度与社会发展相适应，进一步提高为全社会提供公共文化服务的能力，发挥公共文化设施在全民思想道德建设中的重要作用，体现它对现代社会发展的推动性作用，体现民族的就是世界的，让人民共享文化发展成果的美好愿景。从2007年底，全国的博物馆陆续向全社会免费开放，充分体现了公益性文化机构的社会价值，使博物馆纪念馆不以营利为目的的社会公益形象更加深得民心。那么博物馆纪念馆在坚持公益性的同时如何与发展经营性实现契合统一，笔者就此问题浅析自己的认识。

一、社会公益性是博物馆发展的要求使然

公益性是博物馆纪念馆适应社会发展的根本属性，对社会发展进步具有推动作用。博物馆纪念馆的公益性是指其收藏的文化遗存，是社会文明与经济发展的标志，是人民传承悠久历史，弘扬民族传统，享受精神文化权益的“意识”方式；同时也是实现其为社会发展服务，引经据典，保护遗存，古为今用优秀成果的展示，是人们直接或间接获取实效“物”的方式。我国的文化遗存蕴含着中华民族特有的精神价值和物质价值，体现着中华民族顽强的生命力和创造力，是中华民族勤劳和智慧的结晶。历史是劳动人民创造的，文化遗存理应由人民共享，并使之获得历史上、艺术上、科学上、文化上、教育上等价值的认同和凝聚力，达到全社会公共资源共享。

博物馆纪念馆作为国家投资兴建的公益性社会教育机构，它属于社会

公共文化设施范畴，它推介的产品属于社会公共文化产品，是由公益性事业单位的社会功能所决定。众所周知，博物馆纪念馆是社会发展一定阶段的产物，作为社会公益性文化机构，要服从和服务于社会发展目标。我国博物馆事业的鼻祖张謇先生提出的“公诸天下”的博物馆观一直传承至今。作为公益性文化事业的重要组成部分，它肩负着传播知识、宣传教育、示范指导，向社会提供优质精神产品，提高全民思想道德素质和科学文化水平的社会责任。不以“营利”为目的的根本属性，充分展现了博物馆纪念馆公益性的真谛。

改革开放三十多年，我国经济快速发展和综合国力的提升，使全社会的公益性意识不断加强，公益性事业受到越来越多的社会关注和推崇，参与公益性活动的主体不断增多，正在逐步成为社会的主流观念。随着社会的进步和经济的发展，人们对精神文化的需求日益增长，精神文化建设成为社会发展进步的标志，道德素质教育受到社会的高度重视，全民掀起道德素质教育、荣辱观教育等活动，以期提高全民的整体素质与提高综合国力并驾齐驱。博物馆纪念馆作为公益性文化教育机构，必须始终坚持社会效益第一的原则，充分诠释“贴近社会、贴近实际、贴近群众”的最高境界，充分利用政府给予博物馆纪念馆行业扶持政策，争取社会各界的理解和支持，推出有利于推动社会发展，有益于人们身心健康的精神产品，通过高科技宣传展示手段，辅佐社会教育，辅佐社会发展进步。

实践证明，激发人们创造力和想象力是博物馆纪念馆的责任，它利用寓教于学、寓教于乐、直观生动等突出特点，以提高人们的文化品位，陶冶人们的道德情操为己任，进而提高人们的整体素质，加快社会文明发展的步伐，促进社会生产力的发展，推动社会发展的进程。如马王堆遗址文化，从马王堆遗址文化的出土到公之于世，引起了国人乃至世界的瞩目。马王堆遗址博物馆通过对汉朝的手工业、农业、科技、文艺、风俗等历史发展的揭秘，让世界了解中国古代社会政治、经济、文化、军事等方面的发展状况和曲折历程，充分展示了历史文化传承对现代社会发展的影响与促进，突出了博物馆文化对现代社会变化发展的推动作用。因此，博物馆应将自己打造成人们获取知识的“宝库”，陶冶情操净化心灵的“精神家园”，充分利用自身行业的资源优势，采用内容丰富、形式多样的宣传展示手段，吸引众多的观众走进、了解、认识博物馆，让博物馆走出“象牙塔”、走出城市、走出国门，拓展延伸教育阵地，充实壮大宣教队伍，使教育功能得到充分发挥，使博物馆纪念馆坚持公益性的社会使命意识更加自觉、更加根深蒂固。

二、注重经营性是坚持博物馆公益事业的必要保障

博物馆纪念馆的经营性是体现社会文明程度和文化服务产业发展状况的标志，是为参观者提供文化产品销售的附属性服务。“服务”是一切为了观众的宗旨，这种服务必须与社会发展要求相适应，必须与博物馆纪念馆的定位和展览内容相呼应，凭借展览文化精髓的传递，凭借独具特色文化产品的经营服务，将观众在参观过程中形成的精神享受，通过“物”的独具形式，将情态凝固化、记忆永久化、欣赏收藏化，成为串接人生历程中美好回忆的坐标，达到精神与物质的相得益彰。

党的十一届三中全会的召开，是我国改革开放的里程碑。经济搞活，活跃了市场，发展了经济，使得服务产业成为经济增长点的产业之一。国内、国外对服务产业的重视程度，主要体现它的经济收入占国民生产总值的比例在不断提高，是地区和国家实现经济增长的重要产业。目前我国的服务产业收入（或第三产业）在国内生产总值（GDP）中仅占35%，而美国的服务性行业收入占GDP的60%，甚至达到70%。从国内角度来看，天津滨海新区的服务性行业收入占全市GDP的30%～40%，而上海浦东开发区的服务性行业收入占全市GDP的60%左右，从而形成了地区经济收入和工资收益上的差异。所以通过在全社会推动服务产业的创造性发展，来促进博物馆纪念馆文化服务产业的发展，是我们文博行业落实科学发展观，走持续发展道路的重要途径。

改革开放以后，博物馆纪念馆迫于形势，被卷入市场经济的大潮，在得到社会认同“不以营利为目的”不等同于“不能赢利”的理解后，它经营方式由单调向丰富转变，面临着由小变大的难得机遇，又面临由大变强的艰巨考验。因此，扶持和发展博物馆纪念馆文化产业，发展和繁荣博物馆纪念馆的经营性，应在“提高文化品位”和“突出特色”上下功夫，增加多种经

营配套服务项目和设施。用博物馆纪念馆的展览文化渗透和服务于社会，用赋予文化内涵“形象代言人”的产品招徕观众理性消费，通过以人为本、质优价廉、诚实守信的经营理念，来丰富服务内容，完善服务设施，创新服务手段，使博物馆纪念馆的经营性服务深得人心、深入人心。通过建立健全法律、法规来确保文化市场的经营秩序，提倡依法道德经营，提升文化产业服务的质量和水平，以期取得经济效益最大化。

随着改革开放不断向纵深发展，我国的文博事业日益蓬勃。为了加快社会发展的进程，我国文博事业引进外国的先进技术，接受外国的先进文化思想，借鉴外国的可行性经验，使我国文博事业的发展逐步与世界接轨。如新西兰蒂帕帕博物馆，新西兰政府每年只为博物馆拨付75%的经费，而25%的经费差额要靠博物馆自己去创收弥补。因此，它除了采取免费自助参观基本陈列以外，其他一些“增值服务”项目是收费的。诸如各种需要馆内工作人员指导的教育项目、导游服务、临时特展、纪念品商店、咖啡厅、停车场等均为有偿服务。虽然门票免费，但能凭借经营性服务获得可观的经济效益，来保障公益性展览的展出和博物馆正常的运行。

因此，面对纷繁复杂的经营市场，既要学习、借鉴国内外先进的经营理念和模式，又要客观面对自己的具体情况，不能盲目跟风，要做好调研。因为文博场馆已成为旅游业中重要的文化产业支柱之一，社会知名度和信誉度不断提升，所以必须针对以满足观众消费需求为主导思想，对文化产品进行开发，并通过在行业内的交流合作，以及携手旅游业共同发展的成效将日益凸现，成为拉动服务型经济效益增长的“拳头产业”。随着我国博物馆纪念馆数量的不断增加，发展多种经营已成为缓解国家财政拨款压力的重要途径。虽然目前多数博物馆纪念馆具有公益性事业与经营性活动并存的状况，但是经营性文化产业的拓展和繁荣仍有待于进一步挖掘和拓展，如何理清并选择最适合自己的经营模式是关键。

首先，充分利用丰富的文化资源，以文化交流合作引领服务经济社会的发展。交流合作是馆际、城际等之间精诚合作的主线，并获取社会效益和经济效益共赢的最佳途径。博物馆纪念馆公益性展览的源源不断，靠的是丰富的馆藏资源和文化活动能力资源的交相呼应，只有这样才能保证本馆的展览资源得到充分开发和利用。为此博物馆纪念馆除了常规性展览陈列对外展出开放之外，还要根据社会发展的需求，以低成本投入人力、物力、财力，制作具有针对性、时效性的大量的公益性展览或临时展，免费或采取低票价推向社会，并同时开展有偿配套经营服务项目。充分发挥馆际之间、城际之间的交流合作联动优势，不断地为交流合作注入经济、技术和文化等因素，并逐步发展成为以经济、文化、科研、教育交流为主导的互利互惠合作关系。

其次，充分利用丰富的文化资源，注入文化内涵，提升文化产品的品位。公益性展览的研发推介，必然链接着经营性文化产品的开发和销售问题。尤其是纪念品作为传播历史文化信息的载体，保持纪念品差异化的百花齐放成为各馆亟待解决的当务之急。构建纪念品的开发、设计、生产、销售一条龙服务，并赋予纪念品独具本馆特色和宣传标识的文化理念，使它集聚有观赏、收藏、记忆的多种价值的文化功能，让它成为博物馆纪念馆的实物名片，成为文化产业经营的“拳头产品”。但目前同地区、同类型的博物馆纪念馆所出售的纪念品，从类型到品种几乎是大同小异、千篇一律，纪念品能否做到独具本馆特色“差异化”高端制胜的法宝，仍未得到博物馆纪念馆经营管理者的高度重视。然而由于观众“买以致用”的理性消费需求不同，他们只为自己欣赏、收藏需求的差异化“埋单”，所以满足观众个性化消费，取得经济效益最大化是实现博物馆纪念馆发展繁荣经营性的工作要务。

最后，充分利用丰富的文化资源，以文化为原动力赋予博物馆永恒的生命力。为便于社会各界了解、认知和走进博物馆，可以编辑、出版、中英文对照的简介、普及读物册子等印刷品，来满足不同层次观众的文化审美需求。针对学校，可以根据本馆的展览内容，开展知识竞赛、征文活动，编辑适宜少儿科普读物，以故事、散文、儿歌、漫画、连环画、卡通、动漫等体裁，以同学们乐于接受，喜欢看、记得住为出发点，来满足不同年龄儿童接受能力的需求。针对博物馆之友、文物爱好者及专家学者的博物馆“编外”群体，要编著、销售具有一定学术价值、研究成果的学术刊物和专著，以及有待进一步探讨的课题等，利用网络优势与他们保持长期合作的关系，以期达到研究成果的资源共享，达到文化联结情感，达到文化促进发展的目的，最终取得社会效益和经济效益的高度统一。

但博物馆不能像企业那样始终把营利作为经营的终极目标，要根据社会发展变化的需求，了解自己在什么时候要推出什么展览，要为哪些人服务，如何提高接待服务质量，预期要达到怎样的效果，使博物馆的馆藏资源得以充分利用，使博物馆的功能得到更广泛的推介和社会认知，来吸引更多的观众，真正实现博物馆与观众之间的“价值交换”，并使博物馆在观众参观中得到物质的和非物质的回报。如西柏坡纪念馆，它根据自己的天时地利，拥有宾馆、餐饮、休闲娱乐、购物等配套服务设施，并拥有自己的演出实体，打出了西柏坡纪念馆文化产业的服务品牌。当然不能沿袭邯郸学步、东施效颦的套路，要根据本馆的具体情况量身定夺。要量力而行，从适宜本馆擅长的经营项目着手，以小见大、取长补短，继而在条件具备和成熟的条件下，逐步快速发展多种经营，从而实现经济效益的增长，保障公益性的持续发展。

三、博物馆公益性与经营性是共生互惠的“孪生”关系

公益性是博物馆行为规范内在约束力的体现，经营性是博物馆宣传展示外在拓展力的体现。公益性和经营性就像一对孪生兄弟，他们相继“出生”，形影不离。公益性是“兄”，经营性是“弟”。初期是兄“强”弟“弱”，经过生长发育，“兄”要保障弟的发展和超越，“弟”要保障兄的生存发展。博物馆纪念馆必须在坚持公益性把社会效益放在首位的同时，去积极改革经营理念、开拓经营渠道、想方设法增加经济收入，是求生存和谋发展的迫切要求。所以通过开展有偿的经营服务活动，为公益性活动提供生存保障，加深广大观众对文博事业经营性服务的理解和支持是我们的出发点。

随着改革开放向纵深方向发展，人们对物质需求的追求得到极大的满足，使得当代社会公众追求精神文化的意识愈来愈强烈，保护文化遗产、传承传统文化成为为社会的共识。先进文化成为推动社会发展的“助推器”，“以人为本”“诚实守信”的服务情结，正在得到有力的提升和推广，并闪烁出人性的光辉。国人凝聚力的凸显，更是中国国威升腾的标志。在全国推广实行博物馆纪念馆免费开放的大环境下，免费的宗旨是坚持公益性，博物

馆从高高在上的“说教者”转变为服务者，观众由“被动参观”转变为主动参观，使每一位公民接受社会终身教育的合法权益得到保障。然而由于免费开放，导致博物馆的观众出现“馆涌”现象，使得博物馆的管理和正常运行不堪重负。为此各馆根据本馆的具体情况，注重挖掘自身潜力，整合资源，根据社会发展的需求，推出公益性展览，在坚持公益性的同时，经上级部门批准，积极探索文化产业的发展，依法合理开辟多种经营的有偿服务项目，形成文化发展与市场经济发展的接轨，补充资金只出不进的相对收支平衡，并拓展文化产业市场渠道，把握政府给予非营利组织的权力，将文化产业做大做强，以经营性文化活动的收益来辅佐公益性事业的发展。博物馆的公益性是经营性茁壮成长的沃土，经营性是保障公益性沃土生命力的养分，所以博物馆的公益性与经营性是共生互惠的孪生兄弟关系。

四、公益性是经营性伦理经营的保证

伦理经营是指在经营活动过程中，经营者之间公平竞争、诚实守信等经营道德的范畴。在市场经济的大潮中，面临的新形势遇到的新问题层出不穷，由于新的法律、法规尚在不断建立健全和补充完善阶段，导致人为的暗箱违规操作，潜规则的约定俗成等，出现商家之间欺行霸市、哄抬物价、假冒伪劣、倒买倒卖等不公平、不合法的经营活动，忽视社会责任的承担，使违背伦理道德经营的现象和行为不能令行禁止，出现了不和谐的音符，产生了拜金主义思潮，侵蚀着人们的价值观，威胁着以伦理为导向的经营活动。潜规则渗透于社会的诸多方面，如果任凭在种种明文规定的背后，实际存在着不成文的，而又获得广泛认可的潜规则支配着经营活动的运行，那么势必导致经营市场的混乱。因此，违规操作不治理，潜规则不除，就别奢望能实现依法经营，甚至就别指望人格健全的公民培养起来。所以如何提升经营者伦理经营能力的素质，遵守经营道德成为整个社会关注的焦点。

“构建和谐社会，发展绿色经济”成为当今时代的主旋律，我们社会的文明秩序，要依靠国家法律来保护，依靠制度来履行，依靠道德来约束。法律是对行为主体约束力最强的治理机制，尽管法律机制可以有效地抑制经营单位的非伦理经营行为，但任何一个法律法规的出台，都与现实问题相比存在着一定时间的滞后，只有当法律底线受到威胁表现较为突出时，相关的法律才会出台。道德是完全发自人内心而且是与功利隔绝的，如果道德也要通过明码标价的方式来实现基本的价值，那就扭曲了道德本身的内涵，也就贬低了道德自身的价值。因此，很多单位将法律作为伦理道德经营的底线，本着在不违法的前提下去“赚钱”，通过行业内经营实体之间的彼此监督，相互约束，实现伦理经营达到构建和谐社会的需要，更是提升行业竞争能力的需要。

博物馆的经营性虽然在改革开放中不断向前发展，但文化产业的经营市场依然是一个有待开发的市场，我们不能对文化产业发展的希望盲目乐观，而对其存在的问题又一味地迁就指责。唯有客观、理性、真实地认识文化市场的现状，把握文化市场的发展规律，维护市场环境的法律法规，才能促使其逐步走向成熟。而一个逐步走向成熟的、健康的文化市场，才能真正发挥公共文化产品资源共享的功能。

为了维护文化市场的健康发展，作为公益性事业单位的博物馆纪念馆，捍卫国家法律、依法办馆是根本，为社会发展树人、育人是责任。因此，在政府主导与市场调节相结合的伦理道德经营大环境下，先育己再育人。一方面对业务人员进行道德经营的职业道德教育，从制度上严格管理，建立完善监管体制，洁身自好，做到童叟无欺，把观众的利益放在首位。另一方面对经营实体坚持伦理经营、发展多种经营的理念给予扶持，完善经营机制，恪守诚实守信，保证合法经营、公平竞争，达到互惠共赢。并定期对其进行财务审计，固守文化产品的丰富多彩、质优价廉，搞好售后服务，做观众的贴心人，以期获得良好的社会效益，并继而实现经济效益的提高。

博物馆纪念馆坚持公益性与获得良好的社会效益成正比。要获得良好的社会效益，就要融入社会，让社会了解你，赢得社会的认可，树立良好的社会公益形象是重要的社会资源。博物馆纪念馆发展经营性与提高经济效益成正比。要提高经济效益，就要始终把观众的利益放在第一位，激活资源潜力，完善配套服务项目，发展多种经营，提升服务理念，强化经营意识，恪守诚实守信，达到博物馆文化独具的魅力与观众需求之间的“价值交换”，绝对不能表现出不同程度的盲从、投机、逐利行为等，而是要依法伦理经营。为此，文博事业的发展，既要以满足观众日益增长的精神文化需求为出发点，积极为提高大众的道德素质服务，又要依靠政府的支持，彰显公益性文化事业的魅力，引导文化消费，培植新的经济增长点，彰显文化市场的经营魅力。

总之，博物馆纪念馆坚持公益性与发展经营性相结合是社会发展的必然要求。博物馆纪念馆只有顺应形势的新变化、发展的新要求，才能真正与承担的职责相符，与扮演的角色相当，与所处的地位相称。对于博物馆纪念馆来说，实行免费开放以后，面对管理机制的转变和行业间管理的竞争，面对激烈的市场竞争和层出不穷的新情况、新问题，如何在市场经济的航道上掌舵前行，如何在新的运行机制管理中保证接待服务质量不减，百尺竿头更上一层楼，是我们今后工作的重中之重。

第六章 革命类纪念馆文化旅游的实践与思考

浅谈博物馆与旅游的互动关系

博物馆的存在与发展是衡量一个国家、一个地区科学文化教育水平和文明程度的重要尺度之一，是科学文化教育、社会主义精神文明建设和物质文明建设的重要组成部分，是提高人民群众思想觉悟和道德水平的重要条件。博物馆是一个不追求盈利，为社会发展服务的、公开的、公益行动永久性教育机构。旅游是随着社会生产力的发展，人们的物质和精神文化生活得以充足、丰富的社会必然产物。它是为旅游者提供一系列与之相关联的劳务服务项目的行业，是一项使人们可以开阔视野、陶冶情操、获取知识、锻炼体魄有益的文化采风活动。

时代在进步，社会在发展，当人民的衣、食、住、行得到稳定的保障，人们的休闲空暇实践日益增多时，人们不仅仅满足于光顾歌舞厅、电影院等娱乐场所，他们的物质和精神文化生活水平需求日益提高，他们的文化品位也在提高。因此，国家要根据公民的生活需求，制定相应的经济战略措施，建立和扶植相应的经济结构实体和行业，完善机制，既满足了社会需求，提高了公民的整体素质，又搞活了经济，增强了国力。所以，在经济条件允许的前提下，人们走出家门、国门，参观名胜古迹，游览名山大川和异域风光已成为一种休闲的时尚。

一、博物馆与旅游的连带关系

华夏五千年的悠久历史，在发展中创造了光辉灿烂的精神文明和物质文明，祖先们留下无数文化遗产的保存和研究，是我国博物馆产生和发展的前提。而如何使这些宝贵的遗产古为今用、洋为中用不落寂沉湎于孤芳自赏的困境中，是旅游业产生和发展的前提。博物馆的产生早在商代就初具雏形了。当时，由于受西方文化的影响，皇宫贵族和官府的宦官们都非常重视搜集和保存奇珍异宝。如陶器、玉器、青铜器、动物骨制品等，展示自己的家中或集中存放在殿堂里，只局限于富人们和宦官大臣们之间的公务访问及探亲访友式的互相馈赠、观赏。这些物品的展示，如若没有观赏群体的介入，它本身就失去了存在的价值，更谈不上发展。所以，任何事物的产生和灭亡都不是孤立的、静止的，它是与之相关联的事物产生和灭亡时派生或先后产生和灭亡的。

任何事物的产生和发展，必须随着社会进步与社会需求的变化而不断丰富发展，才能根本实现顺应社会发展和“以人为本”的主导思想。一切为了观众，观众是博物馆服务的对象，是它赖以生存的社会基础，游客是旅游行业服务的对象，也是它赖以生存的社会基础。然而，观众与游客是不同概念的同一群体，离开这一群体的介入，博物馆只能发挥一座文物保管和收藏仓库的功能。而旅游则只落得个纸上谈兵的虚名。然而，众所周知，博物馆是旅游业重要的旅游资源，而旅游业又促进博物馆全面发展。如1999年提出的假日经济观点的运作，“黄金周”、假日旅游，为旅游业拓展了内涵，旅游业出现了从国内游到国外游，从文化旅游到专业旅游，从短线游到长线游，从一地游到几地游，从单纯的旅游到教育旅游的变化。随着旅游业的发展，博物馆的社会效益和经济效益有所增加。

二、博物馆与旅游的动静结合关系

时任朱镕基总理曾说过：中华民族有着悠久的、灿烂的文明，我们要十分珍惜爱护。爱护好、管理好，这不但是对人民群众进行爱国主义教育课堂，也可以成为展示中华文明的文化中心和旅游中心。那么，如何利用博物馆的文物资源优势来发挥它现实的和潜在的社会效益和经济效益呢？其途径之一就是发展旅游业。利用旅游文化的软件，来开发和传承博物馆的硬件，是我们拓展思路积极探索的目标。

博物馆相对于地理位置的分布是静态的，静态更适合于观察、观赏和研究。而旅游是一种动态的文化载体，动态可以生动、直观和深刻地展示其内涵，发挥其优越性，动静结合相得益彰。人民关注历史，关注文物均源自于对自身的关切和对未来的憧憬。作为考古工作者和博物馆的文物工作者，就需要把文物蕴含的传承价值挖掘出来，向世人公示，使其向现代价值转换和升华，是推动现代社会发展的强有力的历史见证。文物资源不仅静静地诉说着一个国家的源远流长和一个城市的兴衰历史，而且它会以固有独特的方式进行文化交流，使其成为集教育和观赏于一体的新型文化旅游休闲时尚。

文物是时代的产物，是客观存在的，是不以人的意志为转移的。某一文物的发现，是与当时的年代、时间、事件、人物和地点等相关，没有发现和开采的文物，并不证明它不存在。文物是有形的历史文化载体，离开物质材料，文物将不复存在。有些文物是可移动的，有些文物是不可移动的。因此，不可移动文物的展示就受到一定的局限。为了让更多的人了解、观赏、研究，就出现了文物的复制品。那么，它就可以走出所在地乃至国门，让全世界的人们了解中华民族勤劳勇敢的智慧结晶和文化瑰宝。

旅游是一种文化，说它是没有投入的产业，对现代的旅游业来讲是不准确的。为了丰富旅游的内容，传承和展示文物的奇妙魅力旅游业注入一定的资金，协助文博单位修复、修建文物建筑和设施，以保护文物，保障游客的参观质量和人身安全。旅游动态的经济繁荣，推动了博物馆静态的经济复苏，使博物馆门前车稀人少的尴尬处境得到缓解。由此得出，旅游业促进了博物馆的社会效益和经济效益，而博物馆是旅游业重要物质资源基础之一。

三、旅游对博物馆文物的影响

旅游服务应当以博物馆高品位的文化底蕴为基础，而博物馆高品味文化底蕴又离不开旅游服务的积极积累的支撑，可以说，旅游对博物馆的影响是深刻的、多方面的。现代人的社会节奏和工作压力越来越大，使得人们生活在快节奏和应接不暇似的环境中。因此，这就需要现代人需求各种排解的方式来排解压力释放郁闷，从而重新调整自已，获得生活的信心，如上网、旅游等。现代人旅游已不仅仅是简单的游山玩水，而是需求刺激、涉及探险等诸多领域的文化获得，从文物资源开发出旅游价值的娱乐功能。人们追求新奇、探险的需求，刺激了旅游市场，旅游的种类和项目也是在不断地推陈出新，出现了特色旅游和专业旅游。

旅游使人们领略了祖国名山大川的壮丽风景，尽享了祖国文化遗产的庄严凝重。而博物馆旅游因其教育功能，丰富了旅游的内涵。由于旅游部门无节制的开发，导致景点和博物馆客流量过量超载，运行设备和展览设施损坏，环境污染，生态平衡遭到破坏，致使景区、景点的接待能力下降。博物馆克服资金不足不到位的困难，尽力挽救和修复遭损坏的文物设施，然而力不从心。当然，为了发展旅游业，政府和旅游部门对文物单位的环境治理有所投入，但也只是治标不治本。

随着旅游业的兴旺，对于文物的保护意识逐步增强，整个社会参与文物保护的组织和个人逐渐多了起来。旅游业的迅猛发展，对博物馆的发展和文物的保护利用工作有较大的促进作用，博物馆通过更新观念，加强管理，改善和提高服务质量和水平来吸引观众。只要我们对其利弊有清醒的认识，明确鉴别力，趋利避害，就能使博物馆的文物保护事业与旅游业同时推进发展，比翼齐飞。让我们勇敢面对新世纪的挑战，把握时代脉搏，扬帆起航！

保护好利用好革命文物资源
赓续发展红色旅游

自党的十八大以来，习近平总书记对革命文物保护利用提出一系列新思想、新观点、新要求，并多次考察革命旧址、革命博物馆和纪念馆等，为革命类纪念馆加强新时代革命文物保护和利用提供了根本遵循。2018年，国家正式发布《关于实施革命文物保护利用工程（2018–2022年）的意见》。它是自新中国成立以来，国家首次发布关于专门保护革命文物的重要文件，是新时代全面加强革命文物保护和利用的纲领性文件。该文件为革命类纪念馆赓续发展红色旅游，拓展革命文物的保护措施和利用途径，深入挖掘革命文物的价值内涵和文化元素，开发设计更多的文创产品，更好地继承革命文化讲好红色故事，更好推动革命文物工作，积极服务社会发展大局提供保障。

一、发展红色旅游，保护好革命文物资源宝藏

（一）抢救征集革命文物资源

革命文物资源是中国共产党近现代在政治、经济、文化、军事等社会不同领域进行伟大革命斗争事业活动中，所保存和遗留下来的纪念地、遗址、物品等丰富的革命文物资源，它所包含的种类繁多，是发展红色旅游的重要载体，是革命类纪念馆文物收藏保护工作的重要组成部分。依托革命文物资源大力发展红色旅游，挖掘其背后的故事，结合时代精神，将革命文物所承载的革命精神和光荣传统弘扬传承。革命类纪念馆是革命文物资源的守护者，加强对革命文物资源的征集收藏，必须遵循“保护为主，抢救第一”的方针。工作重心是做好革命文物资源的抢救征集、收藏保护工作，采取捐赠、收购、复（仿）制等征集形式，将所有征集的文物分类登记造册，永久

保存。继而做好研究利用工作，充分利用研究成果，为进行爱国主义教育和革命传统教育提供精神之食粮。

抢救征集是针对革命初期年代久远而言，当年健在的亲历者、见证者都年事已高，且人员数量逐年递减。他们当中有很多自己收藏和保存的当年参加革命的见证物，如参军证书、立功勋章、立功奖状、烈士证、纪念章、军属证及所使用的物品等。由于是纸质、纺织品、木质、金属等材质，随着时间的推移，若收藏保存的方法不当，会造成破损毁坏，出现发黄老化、脆化破碎、虫咬腐蚀、氧化生锈等，甚至有不可逆修复的损失，对当事人和亲属收藏纪念的情怀，造成无法挽回的缺憾。为此，必须积极广泛征集，加速寻找健在的和隐居的亲历者、见证者，走访老兵、老同志、将帅子女和烈士亲属等，晓之以理动之以情，收集整理史料，来丰富馆藏、充实展览内容，力争为红色故事常讲常新发展红色旅游事业补充红色营养。

当然还有很多革命史料和感人的故事尘封在当年的亲历者、见证者的记忆中，需要我们尽快去发掘。老同志们随着年岁增长，身体健康状况不稳定，不便长时间打扰，甚至有的老同志已经不能口述，需要书写或依靠亲属的转述理解，为纪念馆征集史料增加了一定的难度。为此，大力发展红色旅游，加强对革命文物资源的征集力度，必须开启与时间赛跑的征集模式，在深入开展与同行资源共享的同时，要面向社会征集文物。平津战役纪念馆为纪念天津解放70周年，推出《天津解放那一天》一书，此书就是采取口述采集历史的形式，查询走访天津战役的参战将士和普通市民的亲历者，挖掘他们生动而鲜活的记忆口述史料，加深人们对天津解放历史的了解和认识，倍加珍惜今天来之不易的幸福生活。

（二）收藏保护好革命文物资源

2019年，中共中央宣传部、财政部、文化和旅游部、国家文物局为了贯彻落实《关于实施革命文物保护利用工程（2018—2022）年的意见》，实施革命文物集中连片保护利用工程的举措，先后公布了八批全国重点文物保护单位，对切实保护好革命文物，充分发挥革命文物作用具有重要意义。这一重大举措，为进一步提升革命文物保护利用管理水平具有重要示范作用，意义重大，影响深远。

任何材质的文物藏品在保存过程中，都会受到季节气候温湿度、环境卫生清洁度、光线照射、虫害腐蚀、化学锈蚀、人为损坏等室内外各种因素的影响。革命文物藏品与其他藏品一样，不同材质的藏品其保存方法不同，若保存方法不当，会给革命文物延年收藏保护造成一定的影响，甚至会造成无法挽回的损失。所以，征集到的革命文物资源，我们必须要收藏好保护好，并充分发挥其教育功能和作用责无旁贷。

一是针对可移动革命文物的保护。加强预防性保护措施，控制各种不利于革命文物保存的自然因素和人为因素的影响。如防潮湿变形、防强光老化、防虫咬、防腐蚀等。所以，采用科学防范手段，降低损坏风险，延缓质变速度，从而达到长期保存的目的。加强对可移动革命文物自然因素预防性保护工作，配套完善科学预防性保护管理的文物保管库房，加强对展厅展示文物的科学管理和安全保护，科学地采用物理技术与化学处理相结合的保护措施，保证适宜的温湿度、光照度、空气清洁度，定期做好洁净、投药等防护工作。

加强文物工作者责任制管理，杜绝各种不利于革命文物保存的人为因素，即工作人员在文物入库保存、出库展示、外展运输等各个环节的文物安全问题，还有观众在参观过程中发生的意外状况等，对文物有意识或无意识接触的人为损坏行为，都会导致对文物宣传展示效果的影响。如移动的磕碰、运输的安全防范、盗窃事故、反恐等事故的发生。所以，完善技防人防保护措施，提高工作人员的安防和安保责任意识极其重要，强化失职、渎职的责任追究制度。健全岗位职责培训制度，增强工作人员依法对革命文物的保护意识，加强对革命文物保护法律法规的宣传力度，扩大社会宣传力度，严防不可抗拒因素的损毁，杜绝人为因素的损毁。

二是针对不可移动革命文物的保护。在发展红色旅游的进程中，针对不可移动革命文物不可移动的特点，如遗址、纪念地等绝大部分处于一个开放的环境，更容易受到外界环境的影响，更容易受损，建立健全不可移动革命文物保护机制，加强预防性保护措施工作更是重中之重，竭尽全力严格控制各种不利于革命文物保存自然因素和人为因素的影响。如：加强防汛、防火、防老化、防污染、防雷电等自然因素的防护工作，科学地采用物理技术与化学处理相结合的保护措施，定期做好清洁、维护修缮等防护工程。随时监控不可以移动革命文物周边的环境监测，注重环境绿化工程，增加植物的吸污能力，减轻大气污染，保障空气净化质量。

在积极贯彻执行革命文物集中连片保护利用工程，大力推进革命文物的合理利用，依法加大对革命文物的保护力度，拓展利用途径、提升利用水平和教育效果的同时，加强文物工作者责任制管理，健全岗位职责培训制度，杜绝各种不利于不可移动革命文物保存的人为因素影响。对于不可移动革命文物的保护利用，强化责任制管理，加强对其外观整体的防护加固和维护修缮工作。还有一点，就是要严格控制因地方建设选址，不得损毁、改建、添建或者拆除革命文物，不得建设污染文保单位及环境的设施，不得破坏文保单位的历史风貌，应当尽可能避开不可移动文物。

总之，所有的文物都要经历自然老化的过程，加强对革命文物资源的预防性保护，就是为了降低自身老化和外部损坏的风险，延缓劣化质变的速度，得以保障革命文物的流传和教育价值。所以，要采用技防人防并举的监测监控措施，来确保革命文物的安全。要加强安保人员巡视责任制管理，来提高和培养员工安全保护的防范意识和处理突发事件的能力。要积极主动与辖区的派出所、消防队等单位联合举行消防、反恐等有针对性的实地演练活动，来创造良好的革命文物保存的自然环境和社会环境，更好地发挥革命文物的社会教育价值，彰显其时代精神。

二、发展红色旅游，利用好革命文物资源优势

（一）挖掘利用好革命文物资源身世背景的历史意义，让革命文物“活起来”。

革命文物资源是我们讲好红色故事重要依托载体的物质财富，它记录着中国共产党和人民军队成长发展壮大的光辉历程，承载着革命先辈和革命先烈留传给我们后世的宝贵精神财富，是新时代青少年素质教育、党员党性教育、公民道德教育的鲜活教材。革命类纪念馆为了将革命文物保护好、利用好，坚持“有效保护，合理利用，加强管理”的原则，必须充分挖掘革命文物资源背后故事历史意义的感召力、凝聚力，把它传承好、弘扬好。

让革命文物活起来，加强对革命文物资源的保护和利用是重要的一方面，而更重要的是激活革命文物讲好红色故事的本能，延续它们传承和弘扬的生命力。对革命文物进行解读，解读它们的红色身世，挖掘它们超脱于物象之外，所蕴含党的初心和使命的精神鼓舞和动力源泉，来鼓舞华夏儿女不负韶华，不待扬鞭自奋蹄。坚持展示方式与展陈内容相得益彰的原则，探索创新高科技展示手段，衬托革命文物原生态的交相辉映，增强革命文物陈列展览的互动性和体验性，来吸引观众对革命文物展品的驻足希冀，了解社会背景，诠释历史意义。

让革命文物活起来，必须拉近革命文物与观众之间的距离，以互联网为平台，充分利用“两微一端”等数字化信息技术的便捷、覆盖面广的特点，发挥其不局限于时空的优势，对革命文物进行360度无死角全景立体的延伸展示。将文字、图片、文物等解述信息资料，以虚拟立体的多种视角展示，让静止的文物活起来动起来。极大满足观众的视觉和听觉的感官体验，吸引他们的关注度，激发他们丰富的想象力，得以及时将纪念馆的展览活动和文物资讯传递给观众，极大地发挥革命类纪念馆红色文化资源优势的社会教育功能。

（二）升华利用好革命文物资源时代精神的现实意义，让革命文物“走出去”。

革命文物资源是中国共产党领导人民进行革命斗争历程中，遗存和保留下来的重要见证物，是当下国家大力发展红色旅游的依托，其所蕴含党的初心和使命，是全党和全国各族人民弘扬爱党爱国爱社会主义的时代精神引领；是培育和践行社会主义核心价值观的智力支持；是革命类纪念馆充分保护好、利用好、传承好革命文物资源，讲好红色故事、传承红色基因的鲜活教材；更是让红色革命精神融入血脉，让革命见证物世代相传的红色教科书。

“革命纪念馆博物馆不应仅是固守阵地，而应创新各种服务方式走出大门把社会教育的触角伸向社会，扩大红色文化传承的受众面。”[1]让革命文物走出去，革命类纪念馆恪守以人为本的服务理念，强化主动服务意识，既要积极主动推出自办展览，又要发挥馆际间和红色景区间革命文物资源共享优势，采取联展、换展、租展、巡展等办展方式，让革命文物走出展柜、馆门，走出埠门、国门。

让革命文物走出去，“要真实、准确、客观地解读文物背后的故事，揭示红色文物的时代价值。价值传播的核心是知识的传播，要做好数据、信息、知识的串联，把握好人、物、信息的联系，实现‘前世’与‘今生’的超级链接，做到见物、见人、见精神。”[2]针对革命文物背后的故事，所产生的历史意义和时代精神价值，开展以教学实践基地、座谈研讨、专题讲座、宣讲演出、巡展等宣传教育形式。让观众看得见、摸得着，亲身感受红色文物的特殊魅力，依托革命文物所蕴含的革命精神讲好红色故事、传承红色基因、传播党的声音，为社会发展服务。

随着手机、微信、微博等互网络媒体的广泛应用，增加革命文物走出去的方式，免去人们亲历经纪念馆打卡的劳顿，快速便捷利用现代化信息手段就能实现参观了解的意愿。革命文物走进广播电视、走上网络，搭载“两微一端”新媒体载体。如央视的《国宝鉴定》《国家宝藏》《国宝档案》，吉林卫视的《家事》等栏目，都以独特的资源和别致的角度来解读人、物、事件的关联。通过情景还原、文物解析、原音重现等艺术手法，现场讲述大情怀、传播正能量，并引导观众领悟革命文物故事背后与国家命运、时代精神紧密相连的人生哲理和社会影响力，用最接地气的中国故事、红色故事来弘扬中国精神，继承光荣传统。

2019年1月15日是天津解放70周年纪念日，平津战役纪念馆联合新浪天津，在平津战役纪念馆官方微博推出“纪念天津解放70周年”《七十记得你》系列纪念活动，实际是“其实记得你”。纪念活动力求迎合新媒体传播特点，首次利用新媒体平台全方位、立体式宣传平津战役。让文物活起来，走进更多人心里。此项活动参加由人民日报主办，微博、新浪网承办的“突破·链接·融合—2019政务V影响力峰会”，荣获“城市正能量传播奖”。平津战役纪念馆也成为天津市荣获该奖项的唯一文博单位。

（三）让革命文物再生芳华，研发设计文创产品。

根据展览可以复制研发设计相关文物衍生的文创产品，是对革命文物再生芳华的具象收藏。由于目前普遍存在文创产品同质化问题的困扰，导致相同性质类别的博物馆、纪念馆，所销售的文创产品严重雷同，容易给观众造成展馆混淆的错觉，收藏的文创产品缺乏独特代表性的记忆功能，成为观众参观旅游消费的鸡肋，既影响了文创产品销售效益，也影响了优质文创产品的生存价值，非常值得文化和旅游相关部门的反思。

面临解决同质化问题，有的文博单位和旅游景区已经独辟蹊径，开发设计各自独具文化内涵又符合时尚潮流的文创产品。开发设计红色文创产品，应该注重与展览内容和展品实物的结合，恪守浓厚的生活性与浓缩文化精髓相结合的理念，吻合观众的兴趣审美、欣赏收藏实用的消费观念。让观众通过红色文创产品实物化，来实现加深对展览展品认知理解的辅助功能，进而转化为满足观众的文化消费需求，同时发挥着宣传和延伸展览的教育功能，实现社会效益和经济效益的最大化，这是我们研发设计红色文创产品的初衷。

平津战役纪念馆针对自己军事类主题的特点，设计“平津战役益智棋”“平津印象文具套装”等文创产品，在文化和旅游部资源开发司主办的全国红色旅游文创产品和红色旅游演艺创新成果征集大赛上，报送的16件原创红色旅游文创产品中，共有“平津战役益智旗”“和平系列丝巾”等8件（套），荣获“全国红色旅游文创产品优秀奖”，成为各省市报送中获奖最多的单位。

随着社会生产力的发展，以旅游和文化为主体给予人们精神寄托和休闲职能的提升完善，成为未来社会生活发展的重要方向。文化和旅游已经成为我国国民经济中越来越重要的支柱产业，国家已经意识到文化事业、文化产业和旅游产业融合发展的必要性。2018年3月，文化和旅游部的成立，是推动两个产业转型升级、提质增效的重要途径，它既消除了影响文化和旅游产业发展的障碍，也为文化和旅游产业优化发展提供了机构保障，使它们能够更好地凝聚融合能量释放发展活力。

文旅融合是我国社会经济发展的新动能，文化赋予旅游丰富内涵，旅游成为文化传播的形式载体，文化旅游已呈现多领域、多产业和多区域融合式发展势头。革命类纪念馆紧紧抢抓文旅融合的大好机遇，充分利用革命文物资源优势，紧紧围绕爱党爱国爱社会主义教育内涵，加大以“红色旅游+”

为目的的推介力度，依托绿色旅游休闲载体，积极打造红绿融合品牌，大力发展红色旅游。“红绿”融合，就是主打“红色”底色，主推红色旅游+品牌，将红色教育融入人们绿色旅游休闲娱乐的活动之中，为绿色旅游注入筑牢信仰之基、补足精神之钙、把稳思想之舵。为此，联合埠内外的“红绿”旅游资源，促进区域间、城市间资源共享，提高多领域、多产业“红绿”旅游深度融合的核心竞争力。

如推出“重走长征路、踏寻烈士足迹、重温历史记忆、一件革命文物、纺线线做军鞋手工体验、吃红军饭忆今夕、军事体验营”等“红色旅游+”品牌系列活动，培育以革命文物资源为支撑的“红色旅游+主打品牌”的研学旅行和体验旅游精品线路。让人们在旅游休闲的过程中，既能尽享获得游览祖国名胜古迹和大好河山的幸福感，又能通过参观展览、触摸革命文物，得到荡涤心灵的鼓舞，增添铭史立志的社会责任感，成为接受爱国主义教育和革命传统教育的有效途径。

（四）发挥革命文物资源优势，红色旅游+让“红绿”融合成为了人们旅游休闲的优选模式。

国家大力发展红色旅游，就是充分利用革命类纪念馆独具的、丰富的革命文物资源优势，来充分发挥其社会教育功能，从而加强对革命文物资源的保护和利用的力度，使革命文物资源与绿色旅游资源相融合，促进“红绿”融合教育休闲模式的深度推广。对于革命类纪念馆来说，文化和旅游融合新格局带来的文化理念和旅游实践的嫁接，有利于发挥红色旅游资源优势，有利于绿色旅游资源的整合利用，有利于共同打造富有“红绿”融合文化品质和品位的“红色旅游+品牌”效应，来满足人们日益增长对美好生活的多元化需求。

革命类纪念馆如何发挥革命文物资源优势，提高红色旅游发展的质量。推动红绿融合发展，讲好红色故事，引领绿色旅游共同发展。为此，实现红绿融合的深度发展，要依托革命文物资源，要推进高质量的红色传承和绿色发展，推出更多以红色文化为主题的研学旅行、体验旅游、休闲旅游项目和精品旅游线路。主打“红色旅游+”的红色品牌，丰富红色旅游产品的文化内涵，提升红色旅游的服务质量，打造内容丰富、形式多样的N种搭配的参观旅游饕餮，为名胜古迹游、工业文化游、民俗游、养生保健游等注入丰富的红色精神内涵，达到终有一款适合您的首选和优选需求，满足人们精神文化和休闲娱乐的需求，提升满意度、幸福感。

我国著名经济学家于光远指出："旅游是文化性很强的经济事业，又是经济性很强的文化事业。……文化是旅游的灵魂，旅游是文化的载体。"如今文旅融合经过2年多的实践证明，"文化可以更好地走向'远方'，旅游也就更有'诗'意……"[3]革命类纪念馆要保护和充分利用革命文物资源优势，积极发展红色旅游，结合重大历史事件和重要历史人物纪念活动、重要节庆活动等，面向社会特别是青少年，开展独具特色的革命传统教育和爱国主义教育活动，全力以赴办好社会教育课堂，为培育合格的社会主义建设者和接班人贡献力量。

新时代革命类纪念馆作为赓续发展红色旅游的社会教育主阵地，肩负着新时代赋予的神圣使命，充分发挥独特的、丰富的革命文物资源优势，通过"红色旅游+"这条红线，缝绣将革命文物资源保护好利用好、将红色故事讲解好传下去的蓝图，为祖国繁荣兴盛的教化事业服务，戮力同心建功新时代！

参考资料：

[1]唐军富. 革命纪念馆（博物馆）与红色文化传承. "红色文化论坛"论文集，2012.

[2]金瑞国. 博物馆是新文化的发生器. "让文物活起来的创新性实践与落实——《国家宝藏》节目文博论坛"光华锐评。

[3]《浅谈"诗和远方"——发展文旅融合的现实意义》，华清集团，华清视野，2019-3-12。

浅谈如何依托红色资源拓展红色旅游服务功能

——以平津战役纪念馆为例

2011年10月18日中国共产党第十七届中央委员会第六次全体会议通过了推动社会主义文化大发展大繁荣若干重大问题的决定，这一决定的通过，将使红色旅游再次掀起“红绿”融合交集的红色文化旅游的浪潮。并且《2011－2015年全国红色旅游发展规划纲要》征求意见稿的颁发，是加大对西部地区红色旅游经典景区的扶持力度，是扩大发展红色旅游的覆盖面，是有计划、有步骤地进一步进行爱国主义教育，弘扬民族精神的必然要求，是对革命类纪念馆持续发展的督导与推动。为此，革命类纪念馆、纪念地作为反映中国近现代革命历史重大事件和杰出人物从事革命活动的见证，使其深厚的“红色历史”底蕴得到了有效的释放，使其功能和作用将得到充分发挥。

革命类纪念馆要在红色旅游的轨道上继续快速前行，就要在全社会公众的心目中，巩固革命类纪念馆红色的知名度和美誉度，充分发挥其社会教育功能，满足社会多元化发展的需求，从而进一步增强其对社会的吸引力和感染力，是我们革命类纪念馆人为之努力和奋斗的工作目标。我们要抓机遇、抢契机，将红色旅游资源拓展、创新，进一步发挥好平津战役纪念馆社会服务功能。

一、统筹领导，推动红色旅游

革命类纪念馆作为红色旅游的重要载体，是推动社会主义先进文化建设的重要组成部分，是全民进行爱国主义教育的精神动力和智力支撑，其所独具的社会教育地位和承担的责任不可推卸，在当今建设中国特色社会主义和构建和谐社会伟大过程中的作用日益凸显，更加受到党和政府的高度重视和殷切期待。所以，各级政府领导的重视程度、思维魄力和决策决心是尤为重要、不可或缺的。

1. 领会精神，提高站位

为了加强爱国主义教育，弘扬民族精神，我们党和国家高度重视革命类纪念馆的建设与发展。从1957年召开全国纪念性博物馆工作会议，1981年召开革命纪念馆调整工作会议，到1984年国家文化部专门颁发《革命纪念馆工作试行条例》；从1994年中共中央印发《新时代爱国主义教育实施纲要》，到1996年中共十四届六中全会通过《中共中央关于加强社会主义精神文明建设若干重要问题的决议》；直至2004年中共中央办公厅、国务院办公厅印发《2004—2010年全国红色旅游发展规划纲要》，继而2008年中宣部、财政部、文化部和国家文物局联合印发《关于全国博物馆、纪念馆免费开放的通知》，迄今2011年《关于深化文化体制改革推动社会主义文化大发展大繁荣若干重大问题的决定》的出台，充分体现了我们党和国家对文化事业的重视，以及对纪念馆工作的宏观调控、微观指导的总体思路和总体布局的高瞻远瞩，为繁荣纪念馆工作铺设了康庄大道。

2. 集思广益，部署实施

为了做好红色旅游的推动实施工作，作为革命类纪念馆的领导核心，高屋建瓴、明确发展思路是工作总方略，统筹安排、确定工作目标是工作职责。平津战役纪念馆馆领导班子倡导，在全馆开展“创意平津馆”“我心目中的平津馆”等专题大讨论活动，结合“党员先进性教育”“创先争优”“三互”等活动，以支部生活和部门座谈讨论的形式，开展批评与自我批评、个人找不足、部门找差距。为了个人和部门的发展，每一位员工都表现出不惜自揭疮疤，勇于自我剖析，虚心接受意见和建议，敢于承诺，提出整改方案，接受大家的监督和考验，更重要的是为平津馆未来的发展制定近期工作目标、中期工作努力方向和远期工作发展规划。系列活动的层层递进，极大地激发了每位员工为自己负责，为平津馆负责的主人翁精神。

馆领导要求，各部门制定红色旅游工作发展规划书，在此基础上，汇总制定本馆红色旅游工作发展规划总纲。进一步完善领导小组接待机制，积极推动红色旅游工作的深入开展，创新展示方式，创新服务形式，做好总协调工作。并根据本馆的特点，认识和定位我们军事专题纪念馆充分发挥各种功能的形象宣传、工作思路，统筹协调、理顺关系，落实接待预案和应急预案，简化请示手续，保证各项工作的高效率、高水平，体现纪念馆接待服务水平的软实力。

二、准确定位，实现互利共赢

红色旅游在全国的旅游经济中发挥着“助推器”和“蓄水池”作用。然而长期以来，旅游市场不规范、信息不透明、资源不共享等自身原因成为其发展的“绊脚石”。在新的起点我们要进一步明确发展定位，强强联手，实行互利共赢。

1. 开发定位

在天津地区，要以“平津战役”的红色记忆为主线：包括平津战役纪念馆、蓟县孟家楼的平津战役指挥所、杨柳青的天津战役指挥所、盘山烈士陵园、天津烈士陵园等，以“周恩来邓颖超纪念馆”为亮点，结合天津民俗、名人故居、名街休闲、名馆博览、海河风光等，将本旅游区建设成为集观光、纪念、休闲、教育等功能为一体的红色主题文化旅游精品线路，使其成为华北红色旅游文化的风向标，全国爱国主义教育的基地，从而促进华北旅游带的建设，推动天津的经济发展。

2. 功能定位

根据观众的不同需求，我们将服务功能分为革命历史纪念、红色文化休闲、爱国主义教育、天津风情体验等。

3. 市场定位

以云、贵、川、湘为红色旅游主体市场，以高速周边的沿线城市为线路市场，引导华北市场的顺访游客作为辅助市场，积极拓展爱国主义教育等精品线路。扶持和发展天津地区红色旅游的龙头行业，并切实做好相关的配套服务，适当地向本地旅行社进行政策倾斜，市场引导，尽量避免造成有的景区人满为患，有的旅行社一枝独秀的现象，促进天津市的文化旅游事业全面大发展大繁荣。

三、立足多元，打造红色品牌

依托红色、军事、民俗三大文化特色进行主题式、系列化的开发，以红色文化带军事文化，以红色历史带名人名馆，以红色精神带特色民俗等。大力开发和培育红色旅游产业要素，把旅游活动过程中的吃、住、游、购、娱等有机地融合到红色文化、民俗活动中去，打造一个特色鲜明、内涵丰富、功能完善的红色景区，而不仅是一个单纯的革命纪念保护地。

1. 立足本埠打造红色旅游示范点

做大做强天津红色旅游市场。整合天津红色文化的精华，打造本市独一无二的优势竞争品牌，形成具有广泛影响力的突出形象。依托“平津战役纪念馆”“周恩来邓颖超纪念馆”两大革命类纪念馆，追忆红色历史文化、再现天津红色历史场景，打造华北红色文化建设的旅游示范点。紧密结合当前党的建设与时代发展要求，再现革命战争年代，党带领人民进行抗战斗争的“激情”岁月，将项目打造成为天津红色经济文化建设的典型，成为全国重要的红色旅游示范城市。

2. 立足弘扬传承红色记忆

以红色文化、民俗文化和生态文化为主导，以教育、旅游、休闲为主打功能，以优质的服务招揽观众，建设特色鲜明、内涵丰富、功能完善的红色景区。立足本市乃至华北的红色旅游资源，强化市场开拓，强调亲情营销，构建以华北、华东为核心，以观光、休闲市场为主体，教育、商务等专项市场为补充的市场体系。加大营销力度，采用分类营销和亲情营销方式，以“平津战役纪念馆”和“周恩来邓颖超纪念馆”占据红色旅游市场，以红色休闲、民俗游等占据文化体验与休闲市场，并积极拓展教育、商务、军界等专项市场。加强区域旅游合作，融入华北红色旅游主线，融进全国旅游产品体系，实现城埠及区域间旅游的协调发展。

四、捋顺布局，搞活红色旅游

将天津作为华北红色旅游产品的核心，嵌入全国红色旅游主线路，打造天津红色旅游格局中的新亮点。同时，积极与周边的旅游景区、景点联动发展，整合资源共享渠道，优势互补。以红色旅游、民俗旅游、生态旅游、天津风情游等为主打线路，实现“你中有我，我中有你”的捆绑式市场营销方略，融入全市，乃至全国的旅游产品市场体系，有效地促进区域红色旅游的协调发展。

总体布局。以天津的革命历史为背景，以红色历史文化为主体，结合地方民俗特点，分区域、分内容进行全面科学的展示。区域划分充分考虑红色记忆寓教于学、寓教于乐功能，并要凸显革命类纪念馆的核心地位。开发红色旅游加民俗主题或生态主题的旅游线路，以丰富游览内容，提高革命类纪念馆和景区的参观率。在大型交通中转枢纽区，建立红色旅游接待服务点，完善相关配套功能，以提高景区的人脉，提高社会效益和经济效益。

功能分区。依据现有布局，充分考虑功能需求及线路安排，整个景区的空间格局可概括为以下方面：一线纵贯：以平津战役纪念馆等知名景点形成一条纵贯天津的主轴线路，作为本市的景观线、结构线和联系线；四区辉映：战地重逢－蓟县孟家楼、杨柳青天津战役前线指挥部；人物传奇－周恩来邓颖超纪念馆；激情岁月－平津战役纪念馆；红色民俗－鼓楼、石家大院等。

特色营销。突出红色旅游内涵，凸显“平津战役纪念馆”等红色主题，融入更多的参与性与教育性相结合的产品，打造一个功能齐全、服务完善的旅游精品地。

节庆营销。在一些具有纪念意义的节庆日，如三八妇女节、五四青年节、六一儿童节、七一党的生日、八一建军节、十一国庆节等期间举办形式多样的庆典活动，以聚集人气、开拓市场。

打造品牌。重点打造极具纪念馆特色的宣传品牌，紧紧地抓住观众消费的心理需求，实现红色旅游市场的有效突破。

联合营销。加强区域间多方面的协作，注重与周边地区相关行业的合作，互相宣传，资源共享，带动红色旅游市场，实现效益共赢。

五、拓展内容，服务红色旅游

在全社会彰显“以人为本”服务理念的大环境下，纪念馆已由文化传播、宣传教育等功能，向休闲娱乐、文化旅游服务等功能的转变。它不仅要满足人们日益提升的精神文化需求，还要满足观众享受公共文化服务的权益。所以，纪念馆要充分发挥红色文物和红色历史文化资源的社会教育和服务功能，关键是创新，核心是服务。营造绿色低碳、幽雅舒适的参观环境，提供热情周到、耐心细致的人性化服务，是我们为观众服务的宗旨。

纪念馆自免费开放以来，观众不仅数量增加，而且层次众多，需求出现了多样的新变化。面对观众多元化的需求，我们的服务内容、方式、水平就要相应调整提高，以适应不同的观众群。特别是现代生活节奏的加快，使人们工作和生活的压力也日益增加，为了减压，人们迫切寻求能够放松身心的方式和场所。因此，我们不仅要把纪念馆办成“教育基地”“传播中心”，更要办成“休闲娱乐中心”，使其成为大众乐于参与、终生学习的场所。

如今革命类纪念馆比比皆是，但作为革命类军事专题的平津战役纪念馆，在天津地区占据着得天独厚的条件。因此，重点开拓军事、军史方面的展览和活动是我们工作的重中之重。根据几次观众调查的数据显示，男性观众对军史和兵器都很感兴趣，我们可以引进相关战役的展览、实物兵器展、模型兵器展、军装实物系列展等，还可以举办军事爱好者的个人珍藏展、模拟实战演练互动场等。并且在展出期间，可以根据不同主题的展览，开发设计与之相关联的具有收藏鉴赏价值的纪念品。建议不仅着重军事方面的纪念品，如一些部队专用的生活物品、DIY手工军事纪念品，还可着装与伟人合影留念，还可增加一些地方特色的纪念品、食品，以方便时间较紧的外地游客等，如模型、拼图、地方特色小吃等，要让观众买到想要买到的，享受到意想不到的。

六、提高配置，完善红色旅游

细节决定成败。为了做好观众的接待服务工作，从参观者的角度出发，更加人性化的服务是我们的根本。从细节入手，诸如：途经的公交车线、站名、停车场、发票处、存包处、咨询处、纪念品销售网点等；开辟观众餐饮休息区、互动区域，设置足够数量的座椅、轮椅、儿童车，卫生间做到清洁无臭味；设置电子触摸屏，相关的影视资料循环播放系统，急救药箱等。

当然我们与博物馆规范服务的标准还有一定的差距，诸如：雨具存放处及收纳袋、衣帽间、擦鞋间等等。所以，名目繁多、细致入微的服务项目比比皆是，都是我们今后学习和借鉴的。

为了充分发展红色阵地的功能作用，进一步提升纪念馆整体接待服务能力，平津战役纪念馆于2011年8月1日闭馆进行基础设施的大修改造工程。平津战役纪念馆领导班子从长远着眼，做好长、中、短期的发展规划，努力争取上级部门领导的关怀和支持。根据纪念馆持续发展的需求，根据国家一级馆的标准要求，扩建设施设备齐全的文物库房、图书资料室、网络信息室、临时展厅等；增设文物修复室、照相室等；提升改造场馆的监控系统、消防系统、空调机房设施、卫生间等；提升改善观众休闲活动区域，其中包括互动区、购物区、休息区等；全力以赴加强场馆硬件设施设备的升级完善，朝着国家一级馆的标准迈进。

七、加强推介，宣传红色旅游

当今社会，没有宣传就没有市场。各纪念馆的地理位置、规模大小、观众参观的踊跃程度等存在差异，使得服务配套设施和功能就会产生差别，为了使我们的服务更加人性化，我们要通过不同的宣传渠道，有组织、有计划、按步骤进行策划报道，以帮助公众了解国家开发红色旅游的目的和现实意义，逐步、纵深了解纪念馆的各种信息、功能、作用，吸引更多的公众关心支持纪念馆。

随着社会的进步，科学技术的迅猛发展，利用网络技术扩大宣传覆盖面是最便捷、效率最高的有效途径。通过建立视频网站、数字化纪念馆等手段，用现代化高科技手段包装纪念馆，以纪念馆的时尚形象引领年轻观众时尚健康的生活方式。采用博客、微博等网络形式，为观众搭建网上参观祭扫、发表感言建议、参阅相关的史料书籍、购买纪念品等多重服务功能板块的平台，受到观众的广泛关注。

注重平津馆形象与公共关系，在今后一个时期内逐步塑造以平津馆品牌为核心的纪念馆形象是我们工作的又一个重点。具体宣传手段包括：一是办好各种展会。利用各种会议、研讨会、培训班等活动的机会开展宣传，提高平津馆在业内的知名度，扩大影响力。二是与新闻媒体合作，以多种方式刊登相关的宣传文章、平津馆主题征文和有奖问答等，组织开展各种宣传教育活动，制造有利的社会舆论影响。可定期与电视台举办有奖知识竞赛、重大纪念日的有奖征文、专家讲座等。三是印制平津馆形象宣传册、宣传彩页和宣传片，按临展内容、服务项目分别印制宣传单页，向目标用户群、学校、企业、社区等进行发放，并将媒体对平津馆的报道编制成册发放。

总之，《推动社会主义文化大发展大繁荣若干重大问题的决定》的通过，促进了革命类纪念馆，作为社会公共文化设施的资源得到充分的开发利用，对革命纪念馆的生存与发展起到了促进的作用。以国家发展红色旅游为契机，借助推动红色旅游，选择有利于促进发展的良策，挖掘潜力、拓展功能、发挥作用、服务社会，是我们当前乃至未来的工作要务。今后我们将继续依托红色阵地资源，培育红色阵地业务团队，创新红色阵地服务形式，打造红色旅游阵地品牌。

第七章 革命类纪念馆工作的思考与实践

让炮弹“长眼睛”的城防图

1949年1月15日天津解放了！一张城防图，在当年解放天津的战役中所发挥的重要作用，与中共天津地下党组织以麦璇琨为代表的“五勇士”密不可分，应该让“五老话城防”的革命故事，为我们天津市的市民知晓牢记。

陈列在平津战役纪念馆天津攻坚战展柜里的这张图纸，从它的绘图、藏图、送图一系列曲折惊险的过程中，将彼此素未谋面、素昧平生的五个人紧密联系起来，甚至他们其中有的人都不清楚拿在手里，用生命保护所传递的情报是什么内容。但是，他们为了完成党组织交给的秘密工作任务，不问缘由、不讲条件，忠贞不渝地坚决执行。他们不顾个人安危甘冒虎口的危险，搜集情报、绘制图纸，将一张巧妙伪装、精心绘制极其详细的城放图，紧密衔接环环相扣的传递，及时送到天津战役前线指挥部，圆满完成了党组织交与的重要任务，为解放天津做出了重大的贡献。

在平津战役取得新保安围歼战、张家口追歼战的胜利之后，根据中共中央和毛泽东主席多次明确指出，能和平解放就不用战争，非打不可也要最大限度地降低战争损失。在天津攻坚战打响之前，为了保卫人民的生命财产不受损失，保卫自己的家园不被战争蹂躏，把一个完整的城市交还给人民。华北局城工部要求天津地下党迅速将守敌的城防工事情况了解清楚，绘制“城防图”，并设法送到天津战役前线指挥部。

接受党组织的重任后，战斗在天津的地下党组织率领地下党员们，为了尽快获取城防工事图，积极发动组织进步的各界群众，利用各种社会关系渠道，争分夺秒开展有计划、分步骤地搜集敌人情报工作。从资料的收集、核查、测量，到图纸的描绘、制作、伪装、传递等各个环节，倾尽了天津地下党员的心血。在没有硝烟的战场上，机智果敢地与国民党反动派在城市迎接黎明前的黑暗中进行着生死较量，谱写出惊天地、泣鬼神的壮烈篇章。

知己知彼，百战不殆。搜集情报是地下党组织配合人民解放军攻打天津迎接解放的重要任务之一。1948年在国民党天津工务段工作的地下党员麦璇琨接受上级指示，利用城防第八段监工的身份活动战斗在敌人内部，仅一个月的时间，以各种不同形状的符号，将敌军的碉堡、暗堡、护城河、护城墙的准确位置、雷区分布等，甚至连河流、街道、路口等都做了详细标注的绘制出来，立即交与天津市政工委书记王文源。

随后与隐藏在国民党地政局测量队任绘图员的刘铁淳、开设大众照相馆为掩护的康俊山和开设自行车修理铺做掩护的交通员赵岩，将图纸分解、缩拍，经过化学处理隐藏图纸，并裱糊在两张农村老年夫妇的照片背后，最终用两个月的时间送到了华北局城工部负责人杨英的手里。通过华北局城工部转交解放军前线指挥部，顺利完成配合解放军攻城搜集情报的任务，有力地支援了解放军攻城部队的作战。战后刘亚楼将军感慨地说："天津是天津地下党组织和人民解放军共同打下来的。"

1949年1月14日10时，人民解放军对拒绝接受和平谈判的天津守敌发起攻击。天津战役总指挥、东北野战军参谋长刘亚楼下令总攻天津时，他面前就摆放着天津守敌军事兵力部署的"城防图"。就是这张图，为解放军的大炮装上了眼睛，得以准确摧毁敌人的防御工事。就是这张图，避开了重要建筑设施、工矿学校、民宅等，最大限度降低了对城市的破坏。就是这张图发挥作用，而被老百姓广为传颂"解放军的大炮长了眼睛，不打老百姓，专打国民党"的佳话。

战役结束后，东北野战军司令部在《天津战役总结》中明确指出："由于情报工作提供了详细、准确的城防工事图，我军迅速掌握了敌情，因而下决心、订计划、部署兵力都有了确实可靠的依据。"这是对情报工作客观公正的高度评价，它饱含着地下工作者足智多谋、舍生忘死为国而战的坚定信念，更饱含着地下工作者对党、对人民的赤胆忠心和默默奉献。

毋庸置疑，为了解放全中国，在中国共产党领导下的地下党组织率领地下党员们，前赴后继大无畏的革命精神，为地下战线增添了熠熠光彩。他们是没有硝烟的战场上的顽强勇士，他们是新中国建立的功臣、见证者。他们的壮举，呼唤起更多的人民为正义而斗争，为理想而献身。他们为人民而战斗，为民族而献身的崇高精神，令后代感怀，世代敬仰。

护城河上的钢铁通道——坦克桥

大家听说过坦克桥吗？在中国人民解放军建军近90年的光辉历程中，由解放军跨越和架设过的桥梁难以数计，但是用坦克架桥，在我军历史上只有一次，它就发生在天津战役中。

天津战役中的装甲部队隶属东北野战军，它诞生于抗日战争胜利后我军挺进东北时期。1945年11月，在延安炮校校长朱瑞、政委邱创成的带领下，搜集日军残留在东北的坦克、火炮和飞机等大型兵器，开始组织清理修缮、研究制造、培训人员的工作。随后，中共中央东北局决定在炮校下设坦克大队，以培养建设装甲兵的人才。至1946年4月初，坦克大队已有日式各型坦克，装甲车40余辆。为适应大兵团作战需要，1947年10月，东北民主联军司令部已拥有坦克20辆、牵引车10辆、装甲车和汽车40多辆，以坦克大队为基础组建了战车团。辽沈战役结束后，战车团在沈阳改编国民党军东北装甲团和战车3团1营的2个坦克连、1个汽车排，共接收各型坦克21辆，装甲车103辆，运输汽车20余辆。1948年12月10日，成立装甲部队指挥所（后改称战车指挥所），隶属东野特种兵司令部建制。所辖部队共4000余人、坦克87辆、装甲车106辆、汽车150辆。

在天津攻坚战中，我军共有40多辆坦克和装甲车参加了战斗。使用的坦克和装甲车为日本制造的“八九”式、“九四”式、“九七”式和“九七”改装式。其中，尤以“九七”式和“九七”改装式居多。“九七”式中型坦克，是日本在第二次世界大战期间装备部队的一种轻型坦克，日本定名为“九七”式中战车。该坦克由日本三菱重工业公司于1937年制成，1938年装备侵华日军。其战斗全重15.3吨，车长5.51米，车宽2.33米，车高2.23米，装备1门57毫米短身管火炮，可发射榴弹和穿甲弹，辅助武器为2挺7.7毫米机枪，乘员4人，最大功率170马力，行驶速度38.4千米／小时，最大行程210千米。自1940年起，以“九七”式坦克底盘为基础，研制出“九七”改装式中型坦克，也称“100式”坦克。该坦克战斗全重增加到15.75吨。由三菱公司设计出新炮塔，换装1门47毫米火炮。火炮采用半自动垂直滑动式炮闩，有的同类坦克还增加1挺高射机枪。参加过辽沈战役和平津战役的著名坦克手董来扶驾驶的“功臣号”坦克，就是“九七”改装式。

天津战役是人民解放军首次多兵种协同作战，也是我军自创建以来炮兵、装甲兵参战最多的一次大规模城市攻坚战。在战斗中，坦克和装甲车发挥了战场“开路先锋”和“活动堡垒”的重要作用。无论是打击敌人前沿阵地、打开突破口，还是进入市区巷战，摧毁敌人街头碉堡都起到了无可替代的作用，功勋卓著。

1949年1月上旬，在平津战役取得了新保安、张家口战役胜利之后，我东北、华北野战军以60万大军将北平、天津包围得水泄不通，使平津之敌成为笼中之鸟。为了使古都北平免遭战火的破坏，平津地区的地下党组织发挥着卓越的作用，积极促成国共双方的和平谈判。但事态复杂变化，谈判艰难没有结果。于是，中央军委决定先发起天津战役，目的是为了彻底打消华北剿总故意拖延、坐等观望、蔑视我军实力的侥幸幻想，以确保古都北平的和平解放。

天津的城防工事被国民党天津警备司令陈长捷自诩为“大天津堡垒化，固若金汤”。天津守敌以为仰仗着护城河、碉堡、雷区以及大片无人地带的多道防线就进了保险箱，而拒绝放下武器，与人民为敌，那他们的下场就是自取灭亡。

天津的护城河宽10米、深3米，确实成为解放军攻城的第一大障碍。因为天津守敌为了确保护城河的第一道防线，他们派专人负责天天向护城河内放水，防止河水在数九寒冬结冰。一旦结冰，就及时派人破冰。

没有桥，河水那么深，部队过不了河怎么办？必须先解决桥的问题。天津大战呼唤桥！为排除这个障碍，在38军主攻阵地指挥所，指挥员要求所部指战员，一方面深入当地群众听取意见，一方面献计献策。一时间指战员们提出了油桶桥、木板桥、船桥、竹竿桥、苇席桥等20多种渡河架桥方案。然而，这些方案都有缺陷，不是因为架设时间长，易被敌人破坏，就是因为漂浮时间短，稳定性差，不利于大部队通过。

这时英雄的坦克部队请战，请示把坦克开进护城河，然后再在坦克上铺木板，架设坦克桥。他们豪壮地表示：不怕个人牺牲，也要让几十万战友冲过去，解放天津城。

这一大胆的请战方案，并不是凭空想象。原来，在坦克部队的营地，大家都在为攻克护城河的难题积极想办法。一位坦克手说：“把坦克开到河里去，在坦克顶上搭板子，不就是方便结实的桥吗？”这个建议来得太突然了，霎时间营地内鸦雀无声，没有人响应。短暂的沉默后，终于有人质疑：如果把坦克开进河里后，坦克手怎么出来呀？三米深的水呢！没有人回答，没有人愿意回答，更没有人能够回答。整个坦克部队沉默了，再没有人提“坦克桥”的设想了，那种代价的付出太令人难以想象了。

是呀，当坦克开进河底，车体将受各方面条件的影响，打开机盖的难易度，驾驶员的水性如何，最重要的是坦克手能否迅速爬出来，这些都是不确定因素。最佳的方案就是避免损失，减少伤亡。

攻城渡河的问题没有解决。但是，攻城渡河的问题必须解决。沉默不一定就是消沉，沉默有时候孕育着更大的凝聚力和爆发力。终于，又是在坦克部队，经过广大指战员的大胆设想和深思熟虑，首先是一个班长和几个战士应战，接着是几个班长和许多战士应战，后来就分不清谁是班长谁是战士了。“不搭桥，部队怎么过河？天津怎么解放？我们已经想好了，就用坦克架桥！”他们带着这个请战要求涌向师部，涌向纵队，把纵队、师部的小院落挤得满满当当。

这是一个敢想、敢说、敢干的勇敢的战斗集体。此情此景，许多步兵的眼眶湿润了，许多领导的眼眶湿润了，许多乡亲的眼眶湿润了。当然，坦克兵们自己的眼眶也湿润了。在坦克部队的强烈请战下，纵队领导经过反复研究，终于同意了坦克兵的请求，批准他们用坦克架桥。部队又沉默了。这次的沉默像上次的一样，也是短暂的。但是它与上次的气氛完全不同，所包含的内容更多。战士们大义凛然、摩拳擦掌，视死如归奔赴战场。

一辆辆坦克整装待发。临下水之前，部队领导严肃地对每一位坦克手叮嘱：“坦克，一定要开到河底。人，一定要活着爬出来！”没有人答话，每个人只是点点头。总攻的信号弹腾空而起，战斗打响了。我军数千发炮弹飞向敌人阵地，在近40分钟的炮击下，敌人固守的阵地瞬时土崩瓦解，总攻的号角吹响。

一辆辆坦克首尾相连地开进护城河底，一座座坦克桥搭成了，一个个坦克手从坦克中爬了出来浮出水面。可是为什么有几辆坦克却始终没有动静？坦克手呢？水面上冒着微微的水泡却始终不见人影。他们出不来了。为了天津的解放，他们用心爱的坦克搭桥，他们用年轻的生命铺路，他们安详地聆听着战友们的厮杀声和呐喊声，用他们的行动感动着、鼓舞着战友们奋勇杀敌。他们静静地躺在天津的护城河里，他们没有墓地，他们更没有留下自己名字的墓碑，他们留下的是一座威严挺立在护城河里壮丽的坦克桥。

当攻城部队从“坦克桥”上开过时，他们当中很多人已经知道了“坦克桥”的悲壮故事，他们望着滔滔河水欲哭无泪。化悲痛为力量，他们踏在坦克兵战友们用生命铺就的路桥，冲过护城河，突破城垣，把胜利的红旗高高的插上天津城，把悲壮的故事传遍平津前线，传遍大江南北。

讲到这里可能有的朋友会问，为什么有的坦克手没能爬出来？因为，我们坦克部队所使用的坦克，都是抗日时期缴获的战利品。它们先后参加了长春、东满剿匪、锦州、辽沈等几大战役。为完成中央军委发起平津战役迅速入关包围平津的任务，来不及休整便一路开到平津前线。

部队由于连续作战，有的坦克机体损坏来不及修理，坦克下水后机舱灌顶，坦克手憋气把坦克开到指定位置，再打开机盖已经没有力气，他们没能钻出坦克，也没能钻出水面。有的坦克零件来不及更换，受压后操作失灵，动作稍微慢一点，来不及打开机盖，搭桥的木板已经压在坦克顶部，为不影响大部队进攻的脚步，他们没能钻出坦克，也没能钻出水面，他们与坦克融为一体，成为护城河上最壮丽的钢铁长城。

对坦克的强大突击作用，第2纵队在其战史中给予高度评价，指出：“配合我军作战之坦克，在掩护步兵突破与纵深战斗中，皆起到很大作用。”战斗结束后，战车团团长丁铁石、政委毛鹏云撰写了《天津战役中坦克使用的经验》，刊登在1949年4月20日出版的《特种兵》创刊号上。

1949年2月，根据中央军委命令，以东北野战军特种兵战车指挥所为基干，在天津组建了中国人民解放军第一个战车师，隶属第四野战军特种兵司令部建制。4月18日，中央军委决定该师暂称第四野战军战车师。至此充分说明，我军已由“小米加步枪”时代，进入初步使用现代化重武器进行攻坚的阶段，标志着人民解放军作战原则的根本性转变。天津战役中我军坦克所创造的出色战绩，在人民解放军装甲兵发展史上书写了光辉的一页。

如今“坦克桥”在我们的地平线上已经消失，但是坦克桥却永远屹立在天津人民的心中！革命先烈永远活在天津人民的心中！

用心讲解　传递精神

平津战役纪念馆宣教部是接待服务观众的重要窗口，在宣教部活跃着一支身着戎装、英姿焕发、朝气蓬勃、视责任如泰山的讲解员队伍。这支队伍共12人，平均年龄28岁，中共党员8人，全部本科学历，全部进入文博职称系列，其中，中级职称5人。十几年来，通过自身不懈的努力，他们的优质服务意识、团结协作精神受到社会各界的好评。

开馆以来，共接待国内外各界观众800多万余人，其中，既有党和国家领导人，又有来自美国、俄罗斯、朝鲜等60多个国家的军事代表团、驻华使节以及在华留学人员等。

为做好宣传工作，平津馆组建了以宣教部讲解员为骨干的义务宣讲团。十几年来，依托主阵地，延伸教育功能，采取“走出去、请进来”的方式，利用公休时间，冒着寒风酷暑，走进大中小学、军营以及机关企事业单位，举办了百余场专题演讲报告会，送展览进社区、进军营、进学校巡展，为我市大中小学培训义务讲解员数百人次。同时，利用自身爱国主义教育和国防教育资源开展共建活动，迄今为止，已先后与军队、近百所院校、单位结为共建合作单位。

服务意识决定服务行动和服务水平。自开馆以来，宣教部提出了“观众就是上帝，接待服务无小事”的口号，讲解员始终坚持微笑服务、周到服务，让观众乘兴而来，满意而归。无论观众人数多少、时间早晚、身份高低、随到随讲，为观众免费讲解6万余场，同时承担百余场支援共建单位的助展讲解工作，并为共建单位培训讲解员。讲解员克服家庭困难、工学矛盾，高质量、高水平圆满完成任务的事例很多。

“自家的事再大也是小事，单位的事再小也是大事。”这是讲解员唐凤红经常说的一句话。她是这样说的，也是这样做的。2010年6月27日下午，小唐正在展线上接待观众讲解，家中多次打来电话，等她完成工作，急忙赶回家中时，父亲已经永远地闭上了眼睛，没来得及和独生宝贝女儿见上最后一面，更没有留下最后一句话。唐凤红长跪在父亲的灵前痛心疾首，强忍着巨大的悲痛安排着父亲的后事，面对伤心欲绝身体欠佳的母亲，小唐流着眼泪与母亲说："妈妈，明天我还要受邀去天津市外国专家局，参加天津市第十七届津洽会开幕式助展讲解任务。单位领导虽然提出换人，但讲解内容我是最熟悉的，我没同意，临阵换兵，不仅会影响平津馆的形象，更会影响天津市的形象，父亲常教导我，自家的事再大也是小事、单位的事再小也是大事，相信父亲在天之灵会谅解我的。"转天一大早，小唐安置好母亲，脱掉孝服，换上军装，奔赴津洽会场。开幕式上，她藏起悲痛，用热情洋溢、充满活力的讲解状态，圆满地完成了津洽会外派任务。当讲解工作完毕，组委会和受邀单位的领导和工作人员们，知道小唐父亲昨天刚刚去世的消息时，无不为她的敬业精神所动容。

讲解员高赫薇是一名进馆时间不长的新人，在担任"北京军区师以上领导干部理论集训班"的讲解任务中，由于行程远、场次多，双脚磨出了血泡，血泡破了，袜子粘在了脚上。可全心投入讲解工作的她却浑然不觉，直到短暂休息时才感到脚下的阵痛。年轻的她不声张、不娇气，坚持为部队首长做好了讲解服务工作，当大家称赞这件事时，她是这样说的："作为刚到纪念馆工作的新同志，平津精神激励着我，我这点小伤微不足道。"

我们始终坚持面向社会、服务大众的宗旨，得到了社会的普遍关注和广泛赞誉，取得了良好的社会效益。愿我们这支永远年轻富有朝气的讲解员队伍与平津战役纪念馆共同创造美好的未来。

平津战役纪念馆二十三年的成长历程与见证

改革开放以来，我们与祖国共同见证着国家改革开放所取得的重大成就和所发生的重大事件，亲身经历着改革开放为我们呈现伟大祖国富强民主文明和谐美丽的巨变，感受着改革开放使人民生活从短缺走向充裕、从安居乐业奔小康的社会巨变，无不激发我们每一位国人对中华民族实现从站起来、富起来到强起来伟大飞跃的民族自豪感。

今天的繁荣富强，为祖国的昨日交上了一幅美丽的画卷；今天锐意进取的号角，为祖国的明天奏响了奋进的乐章。虽然，和平与发展已经成为当今时代的主题，但是，我们不能忘记为新中国的诞生建功立业的革命先辈们，不能忘记为新中国的建立抛头颅、洒热血的革命先烈们。我们应倍加珍惜改革开放取得的成果，将改革开放进程不断推向前进，引领中国人民继续走中国特色社会主义的广阔道路，迎接中华民族伟大复兴的光明前景。

平津战役纪念馆始建之时，正是改革开放的第19年之际。1997年7月23日平津战役纪念馆落成开馆，二十三年前，为了让平津战役这座彪炳千秋的巍巍丰碑永远矗立在人们心中，为了让这段光辉历史永远教育和激励今人后代，在党中央、国务院、中央军委的英明决策下，在军、地各级领导的正确领导下，在社会各界人士的大力支持下，在能工巧匠的建设者们恪守鲁班精神，建造红色教育殿堂的日夜奋战下，一座气势恢宏、雄伟壮观的平津战役纪念馆，矗立在天津市红桥区的子牙河畔。

随着时间的推移，时光踏下轻盈的足迹，卷起昔日的美丽悠然长去。纪念馆的外貌已经褪去了崭新靓丽的色彩，却裹上了经历年华流逝所赋予的厚重。随着时间的推移，风轻花落定，雨后现彩虹。纪念馆前的松柏从枝繁叶茂的小树，经过园丁的辛勤培育和尽享大自然的沐浴，枝干挺立向上长成参天大树，枝丫向外蔓延成冠树荫蔽道，为纪念馆平添浩气长存的威严与凝重。随着时间的推移，不忘初心，牢记使命。讲好红色故事，传承红色基因，是几代平津馆人为之不懈拼搏的宣传教育事业，让平津战役红色历史积淀成为典籍，让平津战役这座爱国主义教育、国防教育、廉政教育基地的丰碑永存。

时光飞逝二十三载，平津战役纪念馆始终铭记着老一辈革命家的殷切嘱托，肩负着弘扬红色革命精神、传承红色基因、激励当代教育后人的神圣使命。平津馆人共同见证着纪念馆的成长与发展，相信每一位平津馆人在回溯23年时光隧道的映像里，都能看到自己积极进取、勤奋工作的身影，都能寻觅到自己经历成功与失败的成长轨迹。平津战役纪念馆在党中央的亲切关怀和天津市委、市政府的正确领导下，在军、地各级领导以及社会各界人士的高度关注和精心呵护下，为了崇高的事业和神圣的使命，馆领导班子带领全体干部职工凝心聚力、创新发展，将事业和使命付诸为之奋斗的干劲和行动，全心全意、无怨无悔。

平津战役纪念馆的三代领导班子集体，从争创“一流的馆员队伍、一流的工作管理、一流的后勤保障、一流的社会效益”的“四个一流”的工作思路和奋斗目标，全面提升到“突出一条主线——搞新形势下的爱国主义教育和国防教育；实现两个目标——国家4A级景区、全国文明单位；改善三个环境——和谐的内部环境、良好的外部环境、可持续发展的市场环境；提升四个功能——立体式讲解功能、高科技演示功能、信息化传播功能、全方位展示功能；打造五个基地——退役军人报国励志的基地、复转军人继承传统的基地、青年学生健康成长的基地、中外游客了解天津的基地、市民群众践行天津精神的基地；强化六条措施——抓班子带队伍、抓学习强素质、抓管理保安全、抓市场增效益、抓宣传营氛围、抓活动创品牌”的“一二三四五六”的工作思路和奋斗目标，率先垂范带领全体干部职工勇于开拓、扎实进取，为纪念馆的事业发展奠定了坚实的基础。

23年来，平津战役纪念馆紧紧围绕爱国主义教育的主线，结合国防教育、廉政教育、思想道德教育等阵地的平台，以“珍惜岗位、牢记责任、开拓进取、争创一流”为馆训，恪守踏石留印、抓铁有痕的工作理念，形成了充满活力、团结拼搏、创新竞进、干事创业的良好工作作风，勇于创新、勇于实践，为全面推进落实纪念馆各项工作的规定动作和自选动作见实效。从职工队伍知识结构、年龄结构、专业结构的逐步科学合理配置，到锻炼政治过硬、作风过硬、业务精、能力强的干部队伍；从着力宣传提高纪念馆知名度和美誉度，到各种新闻媒体百花齐放百家争鸣；从数百件革命文物的征集，到第二条展线的开辟；从馆内因地制宜、地尽其利的拓展展线，到走出馆门、埠门、国门的巡展“六进”活动；从促成军方大型兵器的捐赠，到军威园的创建、胜利会师金汤桥的架起、大型兵器军事主题广场的展示等等。足履实地，一步一脚印，一行一进步。

每前进一步都蕴藏着平津战役纪念馆全体员工的智慧和力量，都饱含着每一位平津馆人的心血与汗水。一以贯之，坚持就是胜利，功夫不负有心人。从“全国爱国主义教育示范基地、全国青少年教育基地、全国文化工作先进集体、全民国防教育工作先进集体、全国红色旅游景点景区、全国红色旅游工作先进集体”，到“全国文明单位、全国职工职业道德建设先进单位、国家4A级旅游景区、国家二级博物馆、全国青少年教育研学基地”等诸多荣誉。一张张荣誉奖牌，一份份沉甸甸的荣誉称号，口碑彰显力量，殊荣见证品质，无不记录着平津馆人23年奋进的足迹。荣誉是对过去的肯定和对未来的砥砺，荣誉是推动纪念馆的事业蓬勃前进的动力。

荣誉属于过去时，是出发的起跑线，是前进的加油站。23年的光阴在漫长的历史长河中是短暂的，但对于平津战役纪念馆而言，是不忘初心、牢记使命、积极进取、砥砺前行的23年；是强化管理、深化改革、创新发展、砥砺队伍的23年；是发挥特色、挖掘资源、勇于担当、积极作为的23年。我们逐步实现了“制度建设科学严谨、宣教活动特色鲜明、文物陈列历久弥新、安保工作常抓不懈、设备信息保障有力、临时展览品牌彰显、新闻宣传亮点频闪、环境优美整洁有序”的愿景目标。

23年成长发展历程用信念和奉献抒写，23年所取得的事业成绩靠拼搏和进取铸就，步伐坚定而扎实，成果丰硕而耀目。回首昨天是为了吸取教训、总结经验、懂得珍惜，展望未来是为了坚定信心、勇于拼搏、再创辉煌。平津战役纪念馆全体干部职工将紧紧抓住文化大发展大繁荣的机遇期，深入学习宣传贯彻习近平新时代中国特色社会主义思想和党的十九大精神，坚决维护习近平总书记核心地位，坚决维护党中央权威和集中统一领导。进一步凝心聚力、创新竞进，充分发挥平津战役纪念馆的社会教育功能，把红色文物保护好、利用好，讲好红色故事，传承红色基因。

岁月的年轮沉淀了斑驳的痕迹，历史的记忆留下了悲壮的回声。我们不能忘记革命先辈的不朽功勋，我们不能忘记是革命先烈的鲜血染红了国旗，要倍加珍惜今天的幸福生活来之不易。展望未来，我们任重而道远。让我们紧密团结在以习近平同志为核心的党中央周围，铭史立志、缅怀先烈、珍爱和平、开创未来！为实现中国民族伟大复兴的中国梦不懈奋斗！

赢人心、聚合力

——发挥新时代纪念馆工会组织的桥梁和纽带作用

2018年是学习宣传贯彻习近平新时代中国特色社会主义思想和党的十九大精神的开局之年。平津馆工会紧紧围绕馆工作大局，恪守新时代基层工会组织工作的基本遵循，找准贯彻落实的切入点、着力点和落脚点，全力抓好工会组织基础工作的落实，充分发挥好工会组织的桥梁纽带作用。

一、练好内功、提高履职能力，做职工的“知情人”

新时代，对基层工会组织和工会干部提出了新要求。在纪念馆持续发展的事业中，如何切实履行工会组织的各项职能，发挥工会干部的作用，带领职工群众一道，积极作为，大胆实践，充分发挥主人翁的精神，不断书写无愧于时代的创业新篇章，是我们始终探索、努力追求的目标。

1. 健全组织机构，发挥工会组织职能

平津战役纪念馆工会委员会自2010年成立以来，已经走过了8个年头。在历届馆领导班子的大力支持和指导下，按照工会组织的相关规定，进行了几次换届选举，建立了“平津战役纪念馆职工代表大会制度”，民主推举来自于广大职工队伍的职工代表参政议政。纪念馆工会委员会为建设稳定和谐的劳动关系，为稳定大局、维护会员职工合法权益做出积极努力，赢得了职工群众的信任，被大家亲切地称为“职工之家”。

2. 加强理论学习，提高工会干部履职服务能力

工会干部来自于不同部门、不同岗位，属于兼职为大家服务。根据新时期工会工作的部署要求，强化队伍建设，努力建立一支政治过硬、素质过硬、作风过硬的工会干部队伍，有效提升工会干部整体素质。

一是加强工会干部政治理论学习，提高思想站位，提升政治理论水平。要求政治素质过硬、组织纪律过硬、服务作风过硬，自觉遵守各项规章制度，发挥好工会组织和工会干部维护职工合法权益的服务职能。

二是加强对工会工作相关法律、法规和制度的学习，全面了解工会组织的任务、作用和意义，熟悉掌握工会工作的内容和范畴，在边干边学中提高为职工服务的工作能力。

3. 密切联系群众，全面掌握职工情况

工会委员要以服务职工为使命，经常深入职工，深入到困难多、问题多、矛盾多的部门，多倾听职工的诉求，多关心职工的疾苦，才能把联系职工、关心职工、服务职工的工作做得更加深入细致，才能用真心真意去换取职工的信任。多年来，工会组织及时了解和掌握职工群众所思所想、所困、所忧、所急的做法主要有以下几种：

一是工会干部细心用心，把心思用在为职工服务上。有的职工因为“顾面子”，不愿意吐露真情。但是，他们确实遇到了困难，需要组织和大家伸出援助之手。为此需要我们工会委员工作细心、换位思考，针对职工的不同情况，把握好尺度，采取相应的沟通方法，利用工作之余的时间主动接触职工，以“拉家常”等方式切入主题了解详细情况，达到帮助他们切实解决工作和生活中的实际困难和问题的目的，让他们感受到组织的温暖，享受到组织的帮扶政策。

二是工会干部尽职尽责把精力放到抓落实上。维护职工的合法权益是我们的职责。工会委员根据各自工作的分工，利用各种活动的开展，全面细致地了解掌握职工情况。然后汇总掌握的情况，将困难职工的致困原因汇总到部门主任，确实需要帮助的困难会员和职工情况汇总到纪念馆工会委员会，经工会会员讨论决定，最后上报纪念馆领导班子审核批准。工会干部通过抓落实，尽职责，成为全面详细了解职工情况的“知情人”。

二、慰问帮扶、凝心聚力，做职工的“贴心人”

根据《天津市基层工会经费收支管理办法》和《天津市工会系统经费管理使用负面清单（暂行）》的相关规定，纪念馆工会组织肩负着向困难会员职工伸出援助之手，释疑解难、帮困扶贫的职责。坚持开展“送温暖”活动，让会员职工感受“职工之家”的家庭温暖。“送温暖”主要表现在如下方面：

一是针对在职的工会会员职工因病或其他不可抗拒因素致困情况。根据职代会通过的相关规章制度，通过相关程序的调查核实，给予有困难的会员职工一定的慰问金或慰问品。

二是针对会员职工或直系去世的慰问情况。根据纪念馆职代会的有关规定，工会干部专程上门前往，给予工会会员职工一定的慰问金。使会员职工得到情感的慰藉，感受到组织的关心支持，激发他们努力工作的积极性，鼓舞他们更加勤奋工作。

三是关爱职工送祝福。工会组织可以在每一位会员职工的生日，送上祝福的生日蛋糕。为此纪念馆工会组织设工会干部专人负责，将每一位会员职工按照身份证、部门等名目，建立职工生日台账。在每一位会员职工的生日，送上组织和同志们的衷心祝福，把对会员职工的关心做细做实，把会员职工的正当福利待遇维护好、落实好，做好“贴心人”。

四是关心职工的身体健康。在纪念馆领导的大力支持下，每年组织全体职工进行体检工作，包括退休职工、临时用工人员等。纪念馆工会组织在办公室的大力配合下，积极与体检单位联系，根据往年职工的体检结果，增删体检项目。体检工作结束后，针对本馆职工多高发病症，邀请体检中心主任医师，来馆为职工进行日常生活预防和健康咨询，受到广大职工的欢迎。

五是确保职工食堂的饮食安全。纪念馆食堂的饮食安全，关系到每一位职工的身体健康。在馆领导的大力支持下，纪念馆工会组织为保证入口食品安全，由工会干部专人负责采购粮油食品；为保证职工用餐碗筷的卫生标准，更换材质符合卫生标准的餐具，并购置大容量消毒柜，严把病从口入的卫生关，得到广大职工赞许。

六是做好工会女工工作。纪念馆工会委员会设专职女工委员会主任，使女工工作有人抓、有人管，切实维护好女职工的利益。女工委员会组织女职工深入开展《中华人民共和国妇女权益保障法》《女职工劳动保护特别规定》等法律法规的学习；利用“三八”妇女节组织开展座谈会、观看影片；

做好女工在孕期、哺乳期等特殊时期的保护工作。每年集体组织为女职工进行妇科专项体检，切实为女职工着想，努力创设关爱女职工的工作环境和氛围。

七是力争做到“人走茶不凉”。针对退休的困难职工，他们当中有党员、有干部，更多的是普通职工，他们都曾经为纪念馆的建设与发展做出了自己的贡献。当他们因病住院或遇到其他特殊情况的困难时，纪念馆工会组织及时派工会干部前往探视，送去慰问金，并带去全馆同志的深切问候。

工会组织和工会干部的职责，就是关心职工，为职工排忧解难，让我们的干部职工更加热爱生活、珍惜岗位；让我们的干部职工更加精神饱满、身心愉悦地投入工作。

三、精心服务、勠力同心，做职工的“知心人”

纪念馆工会组织肩负着为每位会员职工提供参政议政、法律支援、维护职工的劳动安全和接受教育培训的权利。在深化馆务公开的民主管理，构建和谐劳动关系，维护职工合法权益等方面，工会组织切实努力做好新形势下党的工会组织的群众工作。

（一）纪念馆工会组织是广大会员职工有组织、有纪律、有领导地参政议政的民主渠道。

工会组织肩负着动员广大干部职工群众，依法通过组织推举职工代表，积极参加纪念馆各项事业改革和建设研究合议工作的职责。这种职责包括建立和完善工会组织对纪念馆工作民主管理参与制度；研究制定纪念馆发展规划；组织干部职工教育培训；劳动工资、社会保障、物价、住房以及其他与职工切身利益的重大决策和制定。各项规章制度采取民主管理和民主监督的方式进行。纪念馆以民主管理为抓手，强化纪念馆运行管理的监督，使纪念馆决策集中民智、反映民意，保障会员职工依法行使的民主权利，维护职工的合法权益，为工会组织充分发挥民主渠道的桥梁和纽带作用创造了有利条件。

由此可见，工会组织在纪念馆持续创新发展中扮演着不可或缺的角色，工会组织为职工与纪念馆管理层之间建立了良好的沟通平台。把握好新形势下纪念馆工会工作的特点和规律，使之更好地指导工作实践，推动工会各项工作不断创新发展，是纪念馆工会未来发展的重点与焦点。

（二）纪念馆工会组织鼓励职工敢于争先，成为展现纪念馆人风采的平台

纪念馆工会组织肩负着教育职工不断提高思想道德素质和科学文化素质，建设有理想、有道德、有文化、有纪律的职工队伍的职责；积极组织鼓励会员职工参加各种技能展示活动，展示纪念馆干部职工队伍的精神面貌。

1.组织全馆职工开展“中国梦　我的梦——暨推广普通话读书益民朗诵活动”，经过角逐，宣教部获第一名。

2.组织参加天津市文广局为纪念中国人民纪念抗日战争胜利暨世界反法西斯战争胜利70周年诗歌朗诵活动。工会组织撰稿、排练，在馆领导和宣教部的通力合作下，在活动中获得局领导的好评。

3.组织策划实施平津馆20周年馆庆晚会任务，从主题框架策划、内容形式设计，到撰写主持词、定节目、选演员，再到排练、借服装、彩排、领导审查等，历时近4个月。在办公室、宣教部、信息部、设备技术部、保卫部等演职人员通力合作和武警总队的大力支持下，向各级领导、将帅子女、兄弟馆、共建单位等，展现了平津馆人的风采。

4.组织参加天津市文广局举办的“为喜迎党的十九大胜利召开——天津市文广局系统诗歌朗诵交响音乐会”活动。按照组委会的要求，负责多次修改稿件，在志愿者和宣教部的大力支持与配合下，多次组织排练，加班加点彩排，演出获得成功。

5.组织参加天津市文广局工会主办的“中国梦　劳动美——学习贯彻习近平新时代中国特色社会主义思想和党的十九大精神”演讲比赛，得到馆领导高度重视，王馆长亲自改稿，从妆容到服装严格把关；林馆长不厌其烦亲自辅导快板演练，唐主任给予朗诵业务指导，再加上选手刻苦的演练，都为取得好成绩奠定了基础。选拔三名选手均获得局级一、二、三等奖，并获得代表文广局参加天津市总工会总决赛的资格。宣教部刘万成最终在全市115名选手中脱颖而出，排名第六，荣获市级二等奖，展示了纪念馆和文广局干部职工的风采。

（三）纪念馆工会组织开展主题教育活动，成为会员职工为纪念馆事业创新发展勠力同心干事创业的引领渠道

纪念馆工会组织在开展群众性主题教育活动中，坚持以正面教育为主，以基层娱乐活动为辅。通过组织会员职工参加各种活动，广大职工不断增强集体荣誉感、加深相互感情沟通、提高团队协作能力，为配合纪念馆的持续创新发展凝心聚力。工会引导会员职工积极主动围绕促进和繁荣纪念馆社会宣传教育事业的创新驱动发展献计出力，围绕纪念馆各个时期的目标任务和充分发挥社会教育场所功能的重点和难点献计出力。

1. 积极组织开展主题教育活动，凝心聚力鼓舞干劲

纪念馆工会组织充分利用重大节日、纪念日，积极组织全馆职工开展主题教育实践活动。如：在纪念毛泽东题词“向雷锋同志学习”的号召当天，组织党、团员开展“党日活动”，清洁广场上的大型兵器和卫生死角，以崭新的面貌迎接纪念馆接待旺季的到来；在“三八”国际劳动妇女节开展“巾帼心向党 建功新时代——平津战役纪念馆纪念三八国际妇女节座谈会”，请各部门女工代表结合各自岗位，如何发挥女工“半边天”作用畅所欲言，充分体现巾帼不让须眉的气概；在清明节开展“缅怀革命先烈 继承先辈遗志——向老一辈无产阶级革命家和革命先烈鲜花活动”，结合青年职工为纪念馆的事业发展，积极进取、钻研业务的敬业精神，请一线业务青年职工代表发言；在“七一”党生日开展“新党员宣誓 老党员重温誓词”活动，请青年党员干部代表发言，结合部门的业务工作情况，表达对纪念馆事业创新竞进勇攀高峰的信心和决心。

工会组织要根据广大职工群众的觉悟水平和不同兴趣、爱好和要求，通过开展多种多样的党、团组织活动和群众性活动来吸引广大职工主动参加，将提高职工思想政治觉悟寓于形式多样、生动活泼的各种活动之中，帮助职工通过各种途径学习政治理论、科学文化、业务知识，尽快掌握从事岗位工作需要的本领。

2. 积极组织开展文娱活动，激发活力调动积极性

纪念馆工会组织既要带领会员职工积极、主动参与到纪念馆事业的创新发展工作中去，也要负责会员职工的业余生活、文化思想工作的管理与建

设。通过设立会员职工文体活动室，购置围棋、跳棋、跳绳、毽子等活动用品，可以让会员职工在工余时间锻炼身体，愉悦身心。鼓励职工积极开展健康向上的文体活动，构建一支和睦相处、积极向上的职工队伍。工会组织的主要活动如下：

一是纪念馆工会组织文艺活动。开展春节联欢晚会活动，各部门积极响应，大家利用工余时间，创作节目、积极演练。经过将近两个小时的演出，有独唱、独奏、朗诵、相声，还有变脸、活报剧、幽默配音等15个节目。既体现了节日气氛的幸福祥和，也愉悦了职工的身心，更充分展示了各个部门积极向上精神面貌和团结协作的集体荣誉感。

二是纪念馆工会组织开展文体活动。纪念馆工会通过开展形式多样的工会工作，丰富职工精神文化生活，搭建起普惠职工群众的重要平台，赢得职工的认可和信赖。纪念馆工会组织每届组织全馆职工开展“趣味运动会”，都吸引来自各个部门60余名职工参加运动会。按照年龄分为青年组、老年组，设立踢毽、跳绳、跳棋、扑克、谜语、齐头并进等比赛项目。

工会组织在纪念馆事业发展过程中扮演着关键性角色，精心组织好会员职工技能展演活动，全面增强竞技活动的号召力和影响力，能够有效地凝结会员职工、调动工作积极性、激发创先争优的创造力，不断增强会员职工的主人翁意识，使他们自觉与纪念馆共命运，遵章守法，更好地完成各项工作。

总之，新时代纪念馆工会组织将以习近平新时代中国特色社会主义思想为统领，结合党中央的群团工作会议精神，在纪念馆馆党总支的领导下，采取切实有效的措施，保持和增强纪念馆工会工作的政治性、先进性、群众性，引领会员职工坚定不移跟党走，积极发挥纪念馆工会组织的桥梁和纽带作用，戮力同心推动纪念馆整体工作更上一层楼。

后　记

为期将近两年的时间，将自己多年来学习和工作实践积累进行爬梳剔抉，终于完成了这部书稿的整理归纳和文字修订。本书既是对自己人生不断学习阶段的小结，也是对自己23年来从事纪念馆宣教工作实践的总结，希望此书能为同行做好本职工作有所借鉴。

由于个人学术水平和写作能力的局限，有不妥之处，敬请见谅。在文稿付梓的兴奋和感慨之际，对于一直给予我指导和帮助的领导、老师、同事、朋友们，心中更多的是感恩和感谢。

感恩各届、各级领导和同志们，对宣教工作的高度重视，给予宣教部工作的大力支持和帮助，给予宣教队伍的关爱和培育。感恩宣教队伍勤奋努力创新竞技，充分运用丰富的、独具的红色文化资源创新开展宣教活动，依托红色教育载体全面发挥平津战役纪念馆的社会教育功能和作用。

感谢平津战役纪念馆党总支书记王培军馆长的帮助，欣然提笔写序；感谢天津社会科学院舆情研究所王建明老师的深惟重虑，对全书整体编排给予的建设性意见；感谢设计、编审老师、叶浩林、胡招弟在此书编辑工作中付出的诸多辛劳。在此一并致以诚挚的谢意！谨以此书献给关心爱护、鼓励帮助、信任支持我的领导、老师、同事和朋友们！

王志贤

2020年5月

www.ingramcontent.com/pod-product-compliance
Ingram Content Group UK Ltd.
Pitfield, Milton Keynes, MK11 3LW, UK
UKHW062004290726
14090UKWH00022B/1388